JN09336.3

Fragment of ILLUSIONS

夢のかけら
【東宝特撮映画篇】

映画監督・樋口真嗣氏
※2020年12月 BAR KAIJU-CLUBにて

昭和41年（1966）、児童の世界に大怪獣ブームが巻き起こった。

当時5歳だった僕の記憶は、渋谷東宝の大スクリーンで観た『フランケンシュタイン対地底怪獣』、『怪獣大戦争』の驚きと興奮に始まった。

そしてまた幸運なことに親族の計らいで、祖父が東宝撮影所に勤めていたこともあって、幼少の自分は"特撮"が創り出される現場に居合わせることが出来た。

東宝撮影所敷地の一番奥に村役場の風情で佇む木造の平屋が、東宝特殊美術課。怪獣やミニチュアを製作する、まさに"夢の工場"は僕の遊び場だったのです。建物の入り口を入って真四角な作業台を囲んでパートのおばちゃん達が談笑しながら、プラモデルの自動車を組み立てたり、道路標識等の小物を作ったり、お昼時になるとこの部屋でお弁当を食べている風情が思い出される。その隣は井上泰幸さんや井口昭彦デザイナー達がデザイン画を描いたり図面を引いたりする小部屋。その奥に入ると、すえたラテックスの匂いがプーンとして来て、安丸さんや加藤のおばちゃん達が怪獣を作る部屋。壁の鴨居には役割を終えた怪獣のミニチュアが飾られ、飛び人形たちは天井から吊り下げられて、飛翔していた。トタンの波板に囲われた一角の扉を開けると、そこには次なる出番を静かに待っているかのように、ゴジラ、バラゴンやキングギドラ、ガバラといった着ぐるみ達が体を休めていた。透明なプラスチックの奥の木球に描かれたそのゴジラの瞳の光彩はまるで生きているかのような輝きを放っていた。赤いボールペンで描かれた毛細血管、ゴムや塗料を乾かす赤外線ランプが並ぶその横の仕切られた部屋は特殊効果・操演部。壁に円谷英二特技監督が『青島要塞爆撃命令』のオープンセットで機関車のミニチュアを足元に指示をしている大きなモノクロの写真パネルが掛けられ、特に幼少の僕をかわいがってくれた特効の渡辺忠昭さん達が火薬の発火装置やピアノ線の巻き取り等の道具類をいじっていた。ボール板や旋盤工具が並び、下町の工場な雰囲気、昼下がり、穏やかな静けさの中に隣の塔から聞こえてくる木工場の木材を加工する音。この村役場の様な建物を出ると木工場との狭い路地に無造作に置かれた『宇宙大戦争』の赤と白に塗り分けられた巨大なロケット発射台やブリキで作られた高圧鉄塔のミニチュアたち。そのわきにはこの夢の工場に住みついたのら猫たちの食事が与えられるフィルム缶のお皿。木工場では職人さんたちがベニヤ板を加工してミニチュアのビルやその壁にはめ込まれる窓枠などを糸鋸盤で切り出している。バルサ材は小刀で削り出され、その姿は戦闘機の姿を現わし、F-86セイバーが生まれてゆく。この建物と第10ステージの間にオープンセット用の空き地。ここにはまるで土管のように積み上げられた日本海軍の船体。その中には裕に4mはあろうかという海底軍艦"轟天號"の船体も。黄色いブルドーザーは唸りを上げてこの艦隊達を押し潰してこの空き地はさながらミニチュアたちの廃棄場でもあった。幼少の自分はこの残骸の山から壊れた超兵器や破壊を終えた石膏ビルの破片、怪獣の皮フ…これらの"夢のかけら"を夢中で拾い集めた。

「ボクそんなゴミ持ってってどうするんだ?」

夢の工場の人達によく聞かれたもの。

だって"特撮"という夢の"かけら"だもの。

本書は僕が50年間拾い集めたこの"かけら"から加藤カメラマンのファインダーの力を得て"特撮"の"夢"を再生し、編じたものである。

原口智生

特定非営利活動法人　アニメ特撮アーカイブ機構（ATAC）
ミニチュア・プロップ修復師

特撮作品のスタッフの「創造」を具現化し、
現実世界に存在させたものが撮影用のプロップです。
それら特撮プロップには過去の「技術」と現在の「感動」、
そして未来への「夢」が詰まっています。
その「夢」のかけらがこうして今日も遺り、修復されて蘇る。

素晴らしく、有り難いことです。
この「魂」が引き継がれることを、切に願います。

庵野秀明

特撮ファン

バラン

大怪獣バラン／1958年

飛行シーン用モデル（飛び人形）の頭部。『大怪獣バラン』(1958)、『怪獣総進撃』(1968)で使用されたもの。胴体は廃棄されてしまったようだが、残された頭部から型取り樹脂で複製、トゲのパーツも当時の方法に準じてビニールホースで同様に再現した。

撮影用オリジナルから型取りし忠実に復元
サイズ　340mm×200mm×270mm
材質　FRP、塩ビ、ビニール
※オリジナルはラテックス等で作られていた
原型、制作　利光貞三
制作　東宝特殊美術課

V A R A N

利光貞三
最後のゴジラ

第一作「ゴジラ」(1954) から造型を手掛けられた利光貞三氏が1970年代初頭、
東宝を退職後、開米栄三氏の依頼により制作したゴジラ像。
目と歯の無い未完成のまま利光氏は他界され、
FRPで成型され保存されていたものを仕上げさせて頂いた。

サイズ　950mm×400mm×780mm
材質　FRP、塩ビ、木材
原型　制作　利光貞三
制作　開米栄三、開米敏雄

LAST SCULPTURE MADE BY TEIZO TOSHIMITSU
GODZILLA

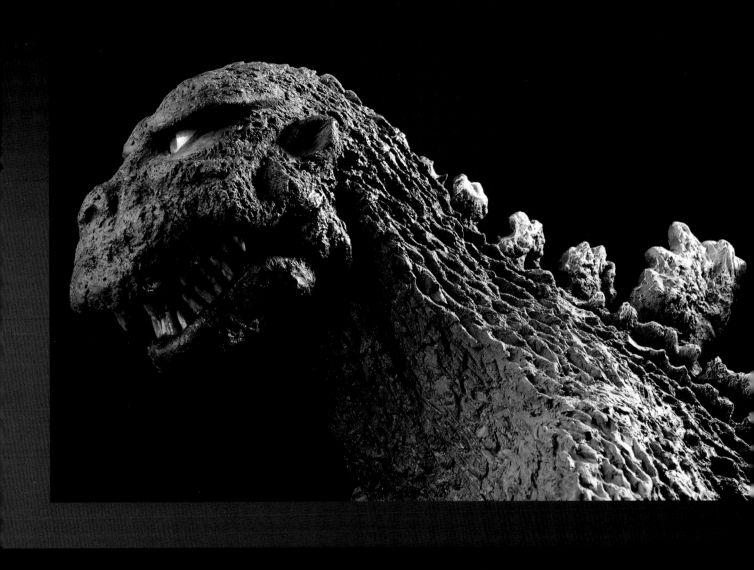
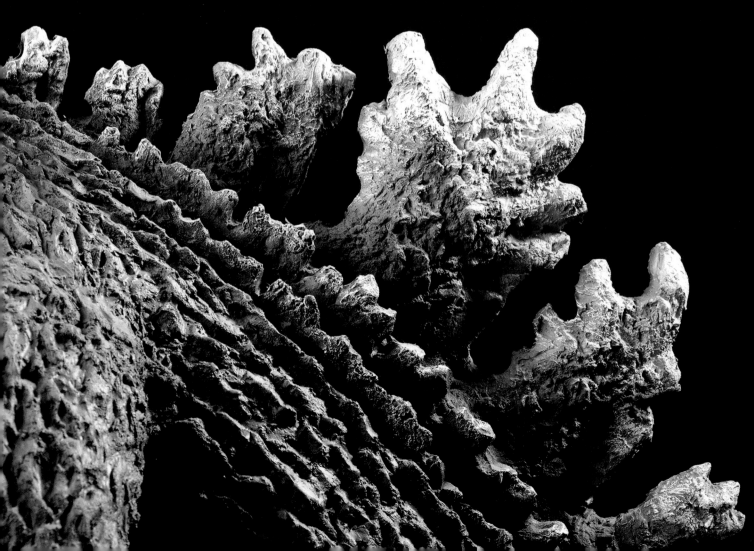

利光氏が晩年作られたゴジラ像から型取り、
『ゴジラ』（1954）の劇中で使われたギニョールを参考に目の上部、後頭部を整形、オガクズを混ぜたポリエステルで皮膚を成型。
正面から見た面立ちはデザインのイメージとなったキノコ雲を彷徨させ、まさに初代ゴジラといえるものになった。

サイズ　500mm×330mm×590mm
材質　FRP、プラスチック、木材
制作　原口智生

GODZILLA

ゴジラ84

ゴジラ／1984年

製作当時、造形を担当された安丸信行氏が作られた雛形から上半身部を成型。安丸氏は『キングコングの逆襲』(1967) のゴロザウルスを筆頭に二代目アンギラス、ヘドラ、メカゴジラ等の名怪獣を手掛けられた。
このゴジラも男前。顎の形状、骨格も非常にリアルで素晴らしい。

撮影用オリジナルの型から再制作
サイズ　380mm×230mm×460mm
材質　FRP、塩ビ
原型、制作　安丸信行
制作　東宝特殊美術課

G O D Z I L L A
1 9 8 4

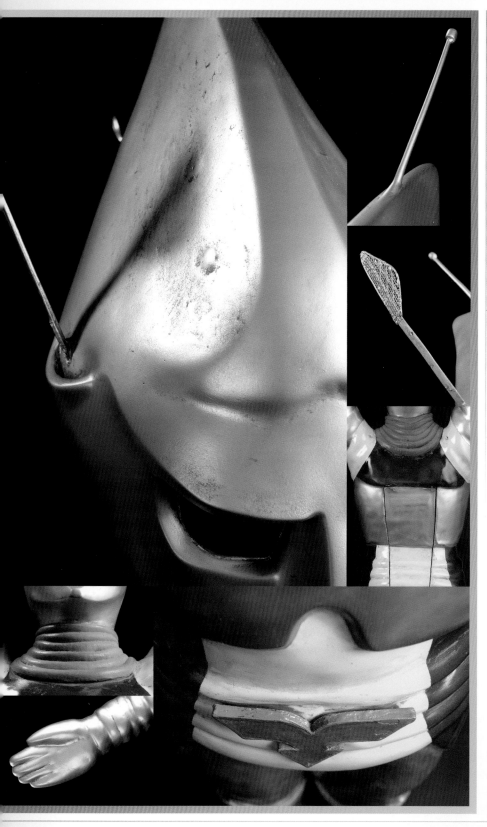

ジェットジャガー

ゴジラ対メガロ／1973年

当時の東宝特美製のこのタイプの飛び人形は、発泡スチロールを削り出して表面をラテックス、ポリエステルでコーティングする方法で作られることが多かった。残されたモデルは表面膜が剥離、ヒビ割れて劣化が激しく修復が困難と判断。やはり型取り、FRPに移し替えた。

撮影用オリジナルを型取り忠実に復元
サイズ　1290mm×740mm×220mm
材質　FRP、真鍮、ブリキ、木材
※オリジナルは発泡スチロール、ポリエステル、ラテックス、ウレタン、真鍮、ブリキ鉛、木材で作られていた。
制作　東宝特殊美術課

JET JAGUAR

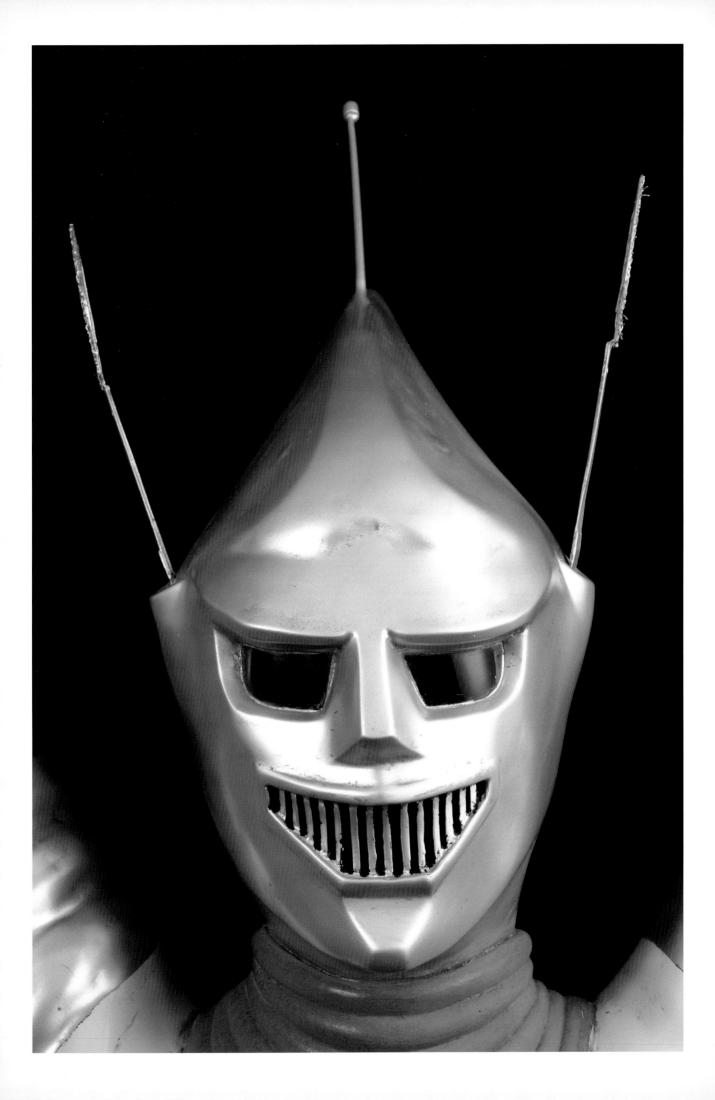

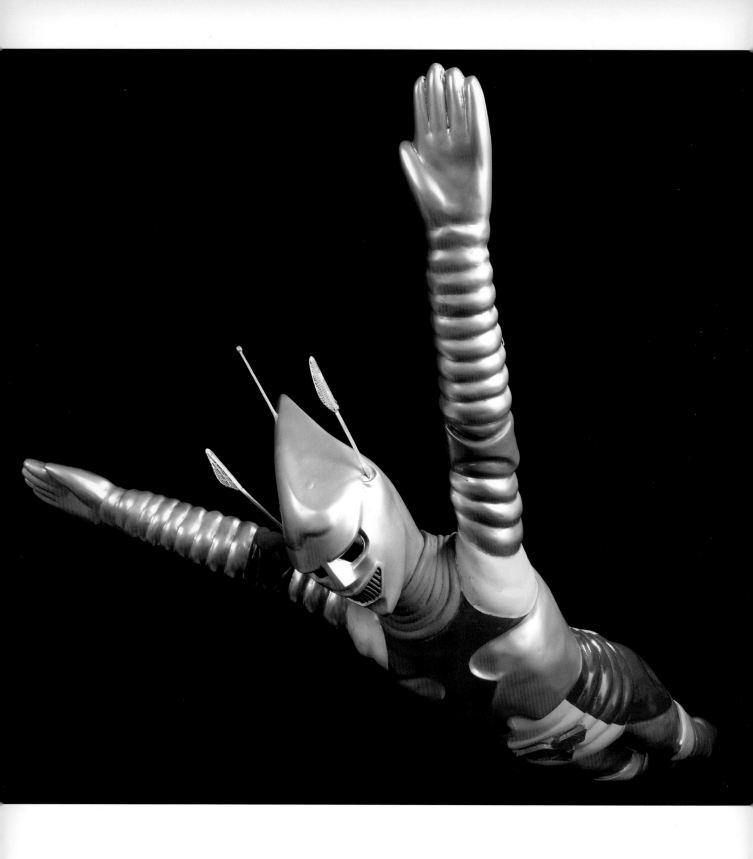

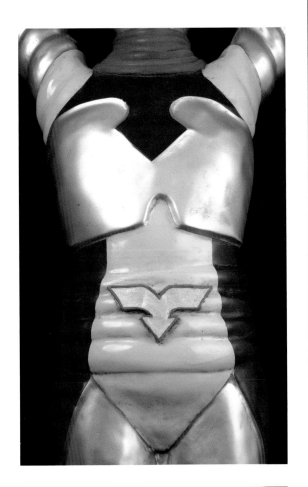

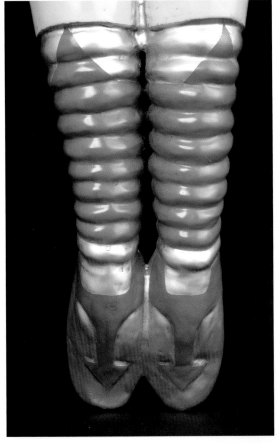

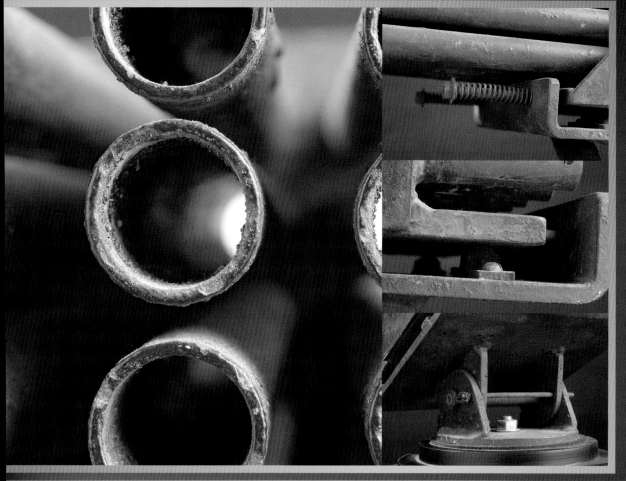

24連装ロケット砲

ゴジラの逆襲／1955年 他

『ゴジラの逆襲』(1955) の際に5台作られ、ポンポン砲と呼称され、その後も数々の東宝特撮で使われて来た。制作は郡司模型と戸井田板金による、鉄材のみで作られた重量級のプロップ。恐らくバネ仕掛けで砲身がスライドする様になっていたようだ。これは「ゴジラ対ガイガン」(1972) で燃やされた後、特美の廃棄場から拾って来たもの。残念ながら車輌部分は現存しない。実在しない兵器であり歴然とした東宝オリジナルメカである。

撮影用オリジナル

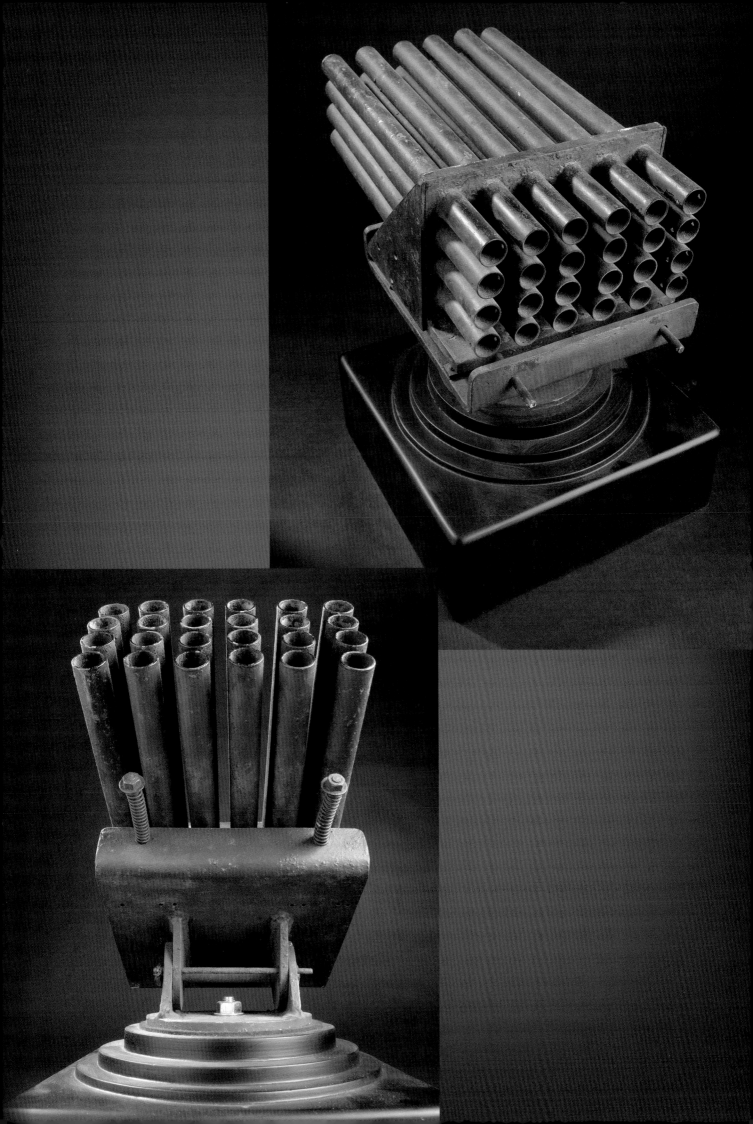

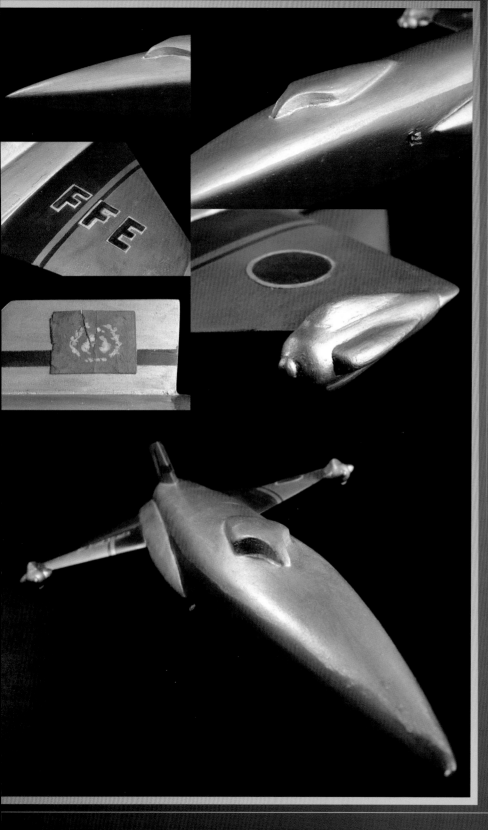

戦闘ロケット

宇宙大戦争／1959年

バルサと朴の木材で作られたソリッドモデル。
当時これら大量のミニチュアは全て職人達の手作り
だった。
ロングショット用のモデル故に仕上げは粗いものの、
表面の木目はいい味を醸し出している。当時の
アメリカ最新実験機X-15をモチーフにしたそうだ。

撮影用オリジナル
サイズ　470mm×240mm×225mm
材質　バルサ、朴、木材
制作　東宝特殊美術課

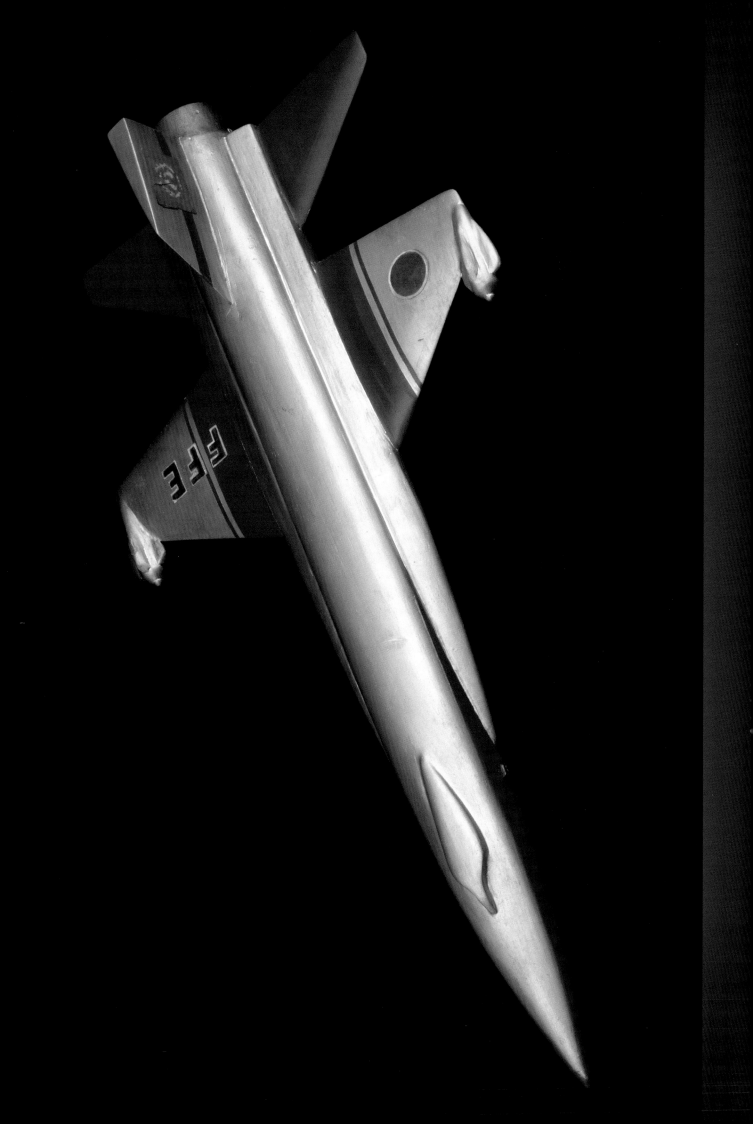

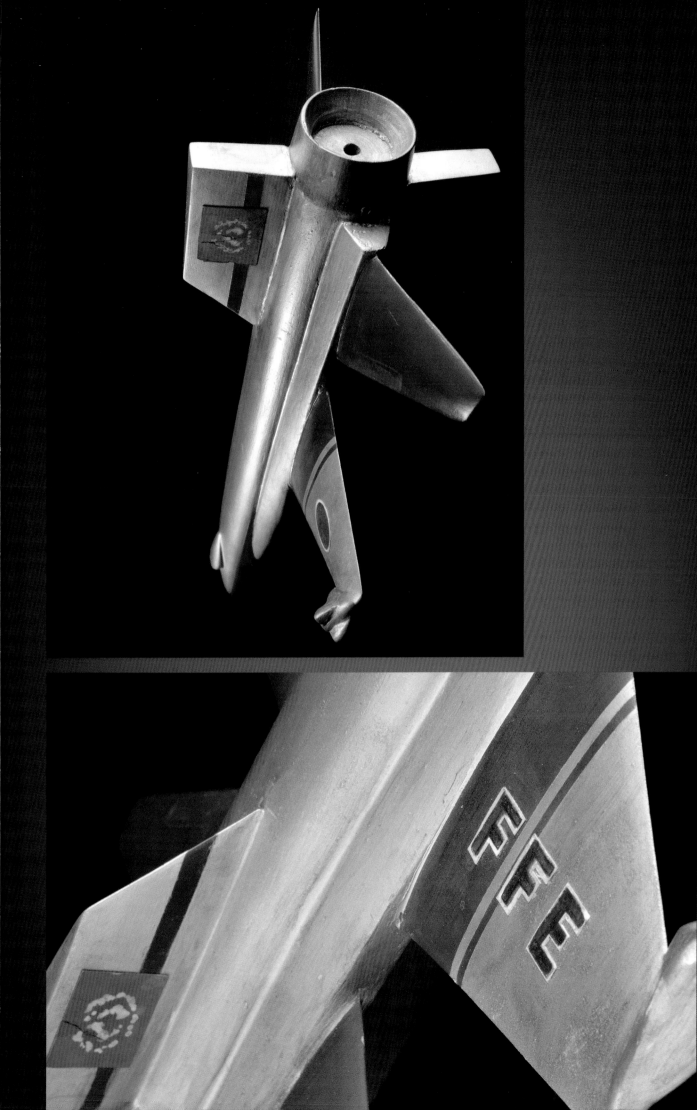

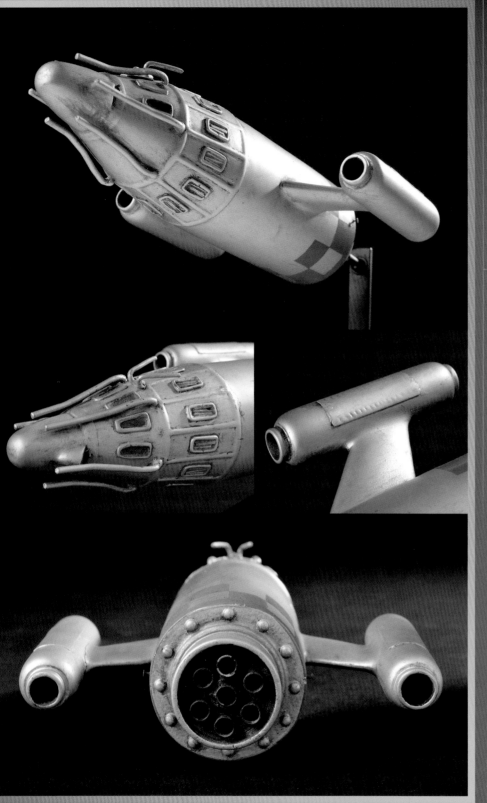

カプセル1号

妖星ゴラス／1962年

このプロップは、劇中JX-2おおとり号の発射カタパルトから発進するシーンやロングショットで使われたもの。
12歳の時、東宝特美倉庫の中で転がっていたものを見つけると、特殊効果の渡辺忠昭氏がくださったのを今でも覚えている。現在もその時のままの状態で保存。

撮影用オリジナル
サイズ　250mm×180mm×290mm
材質　木材、真鍮、金属
制作　東宝特殊美術課

CAPSULE-1

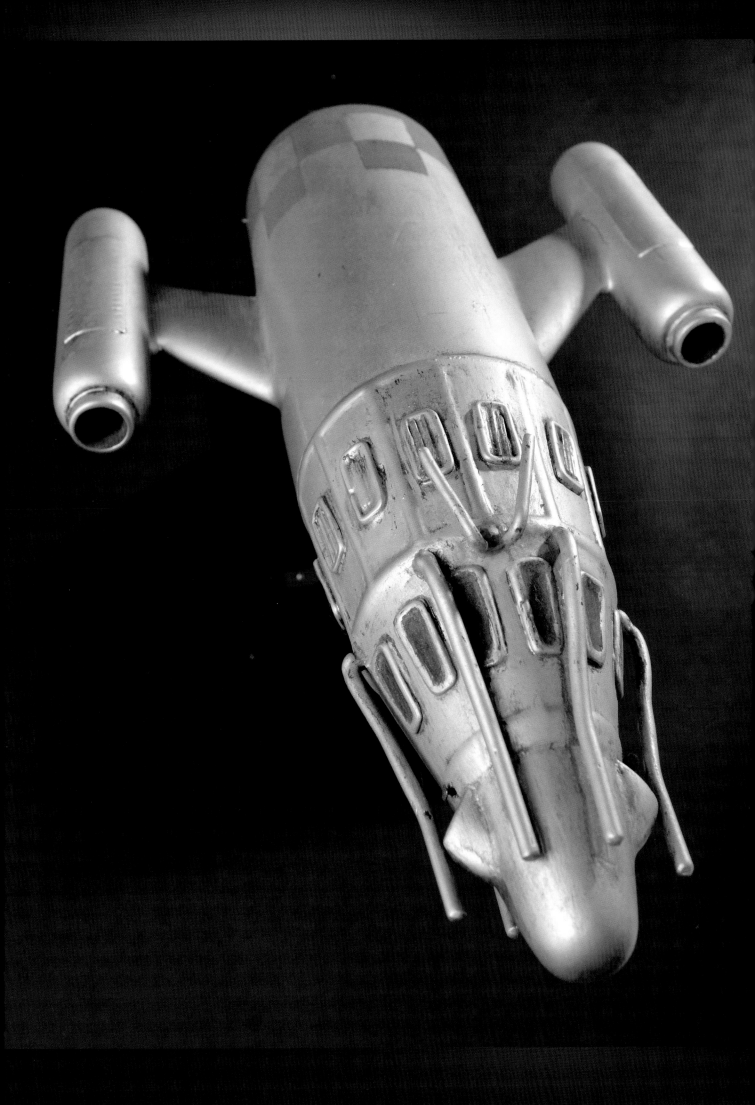

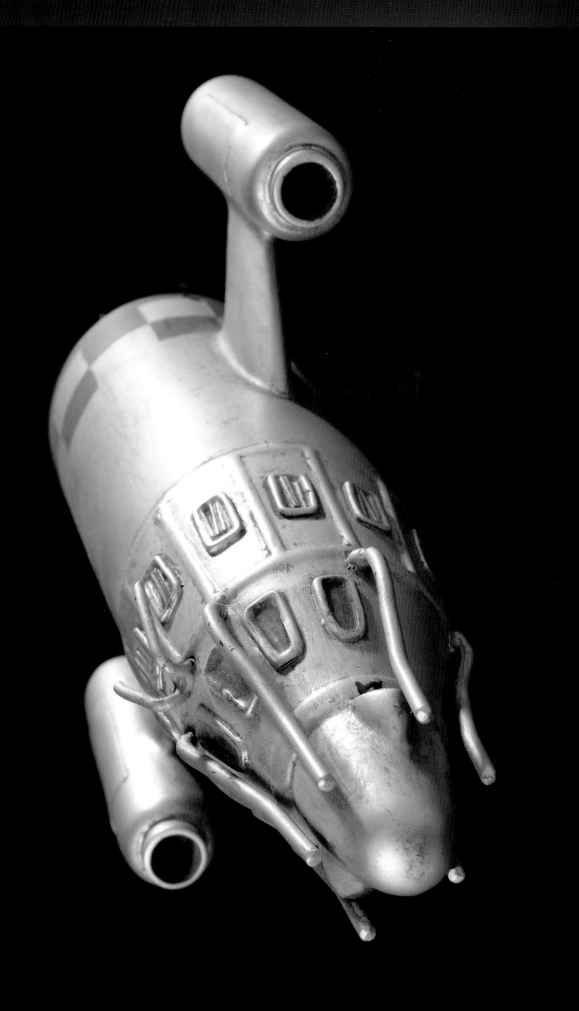

JX-1隼号

妖星ゴラス／1962年

数種類のサイズで作られた中で、これは中サイズにあたるもの。2機制作されたようで、この作品の後、他のTV作品等で改造流用、1機は爆破され、もう1つは翼を短くされた。それぞれのパーツを図面に基づき組み合わせ、型取り後、樹脂に移し替え復元した。
現存する貴重な原画によると、東宝特美に在籍されていた渡辺明氏がデザインされたようだ。

撮影用オリジナルを型取りし忠実に復元
サイズ　1020mm×450mm×470mm
材質　FRP、塩ビ、ブリキ、鉄、金属
※オリジナルは、バルサ、木材、ブリキ、鉄、金属、塩ビで作られていた
デザイン　渡辺明
制作　郡司模型製作所

JX-1 HAYABUSA

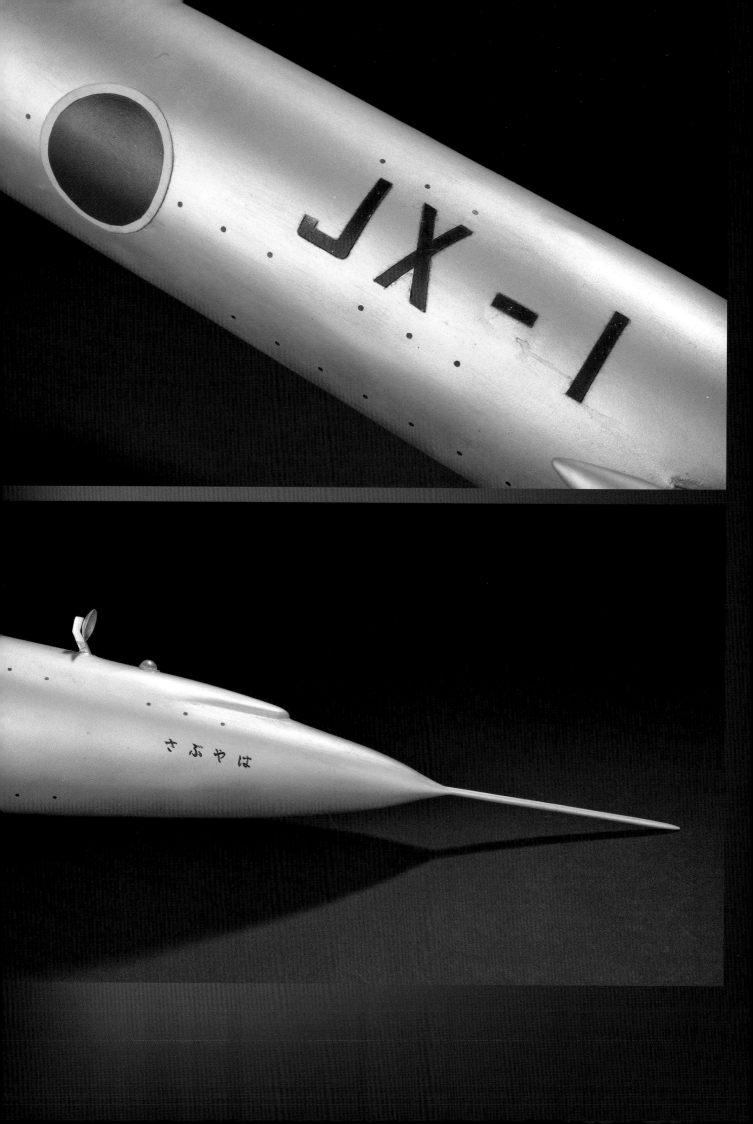

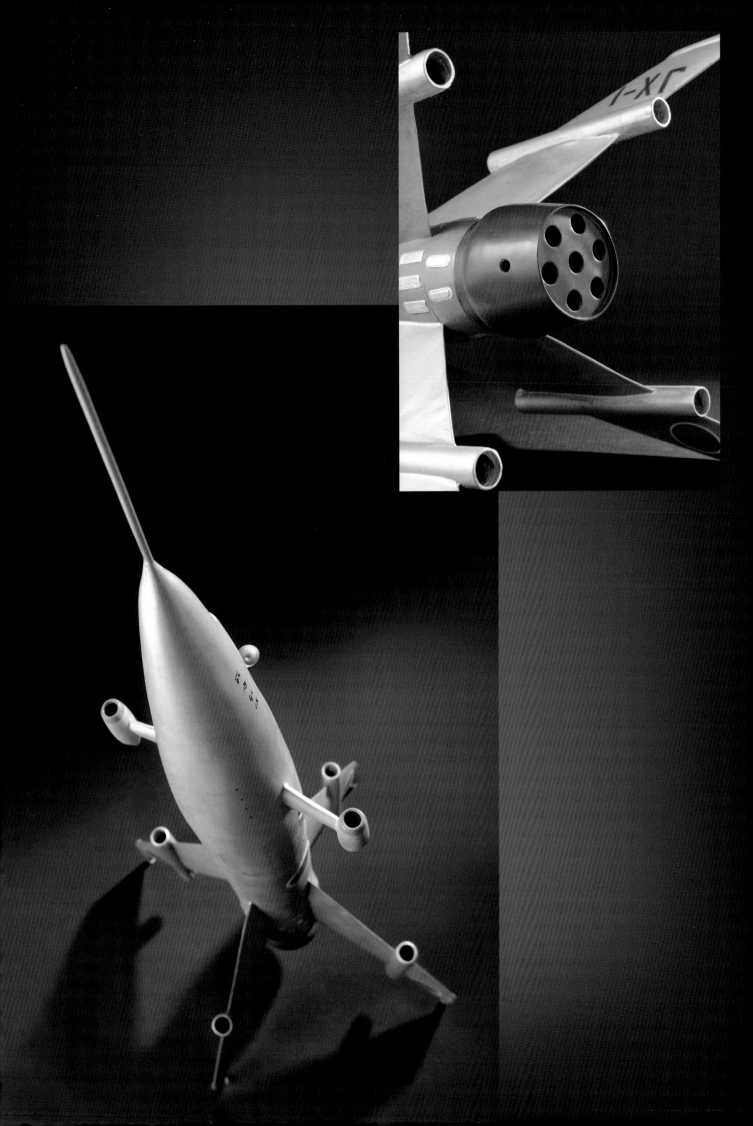

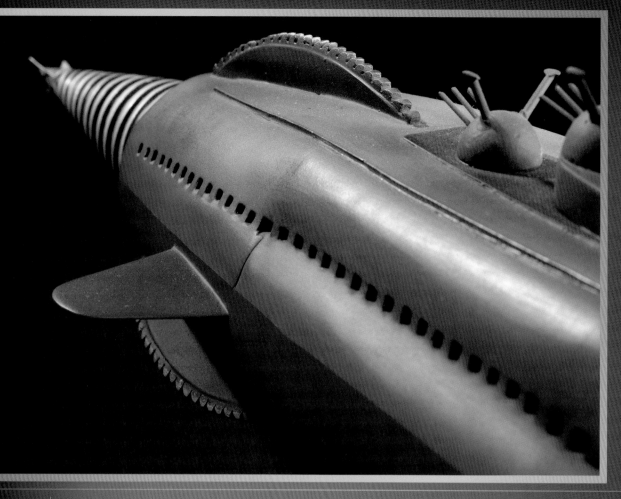

轟天号

海底軍艦／1963年

最大4メートルから最小30センチのものまで、5、6種類のプロップ
が作られた。このモデルは3尺サイズ。水中に突っ込む水槽撮影や
宣材ビジュアルでも多く使われた。
手掛けられた郡司模型や倉方茂雄氏の職人的な施盤加工技術で作
られた三重螺旋のアルミ製ドリルは残念ながら欠損。入江義夫氏の
制作図面を元に木材で再現した。

撮影用オリジナルから型取りし、忠実に復元
サイズ　780mm×190mm×280mm
材質　FRP、朴、木材、真鍮、金属
※オリジナルは、ブリキ、アルミ、真鍮、金属、朴、ベニヤ木材で作られていた
デザイン　小松崎茂
図面　入江義夫
制作　郡司模型製作所

G O T E N - G O

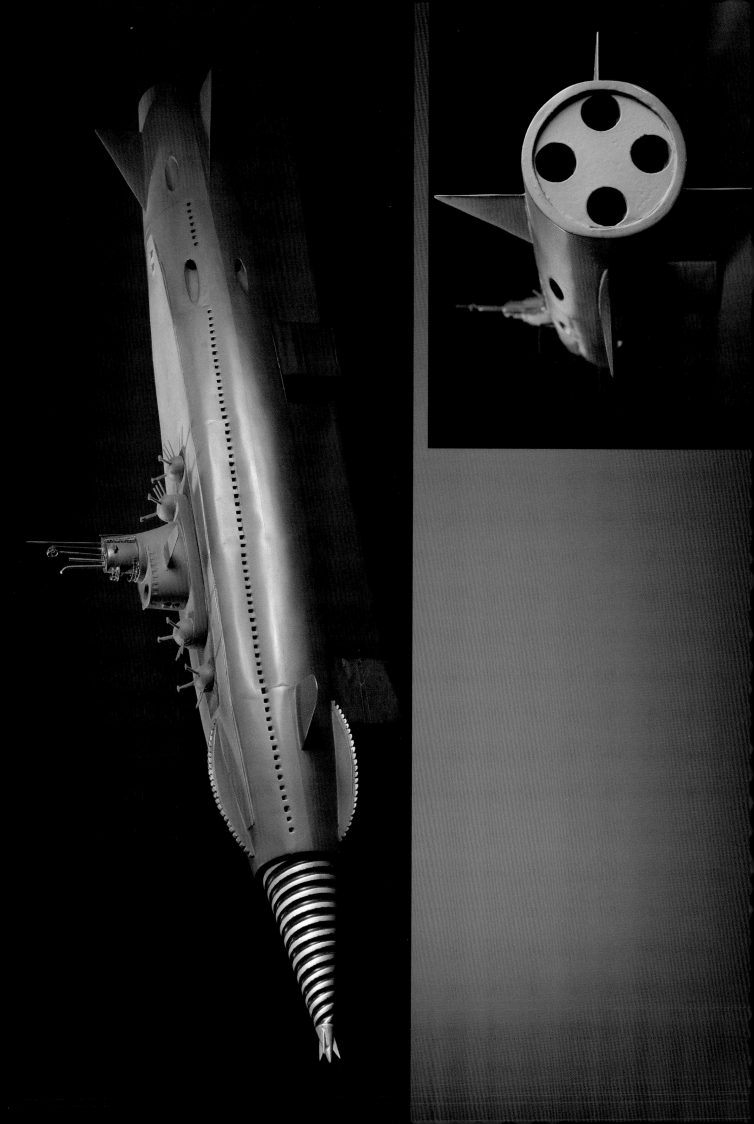

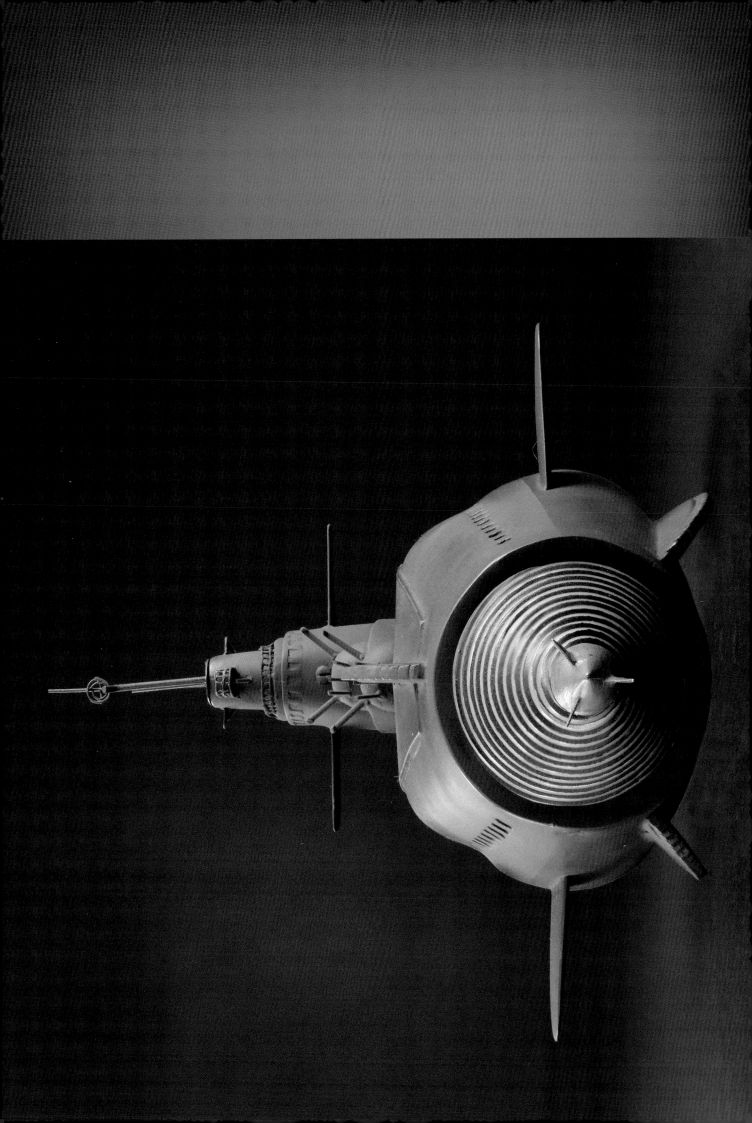

ムーンライトSY-3

怪獣総進撃／1968年

撮影用ミニチュアは、2メートル、1.2メートル、そしてこのブースター
に取り付けられた1尺サイズのものがあったようだ。
バルサの削り出しで作られたロングショット用モデルだが、東宝特美
に在席されていた豊島睦氏によるデザインの、巧みな形状が立体化
されている。バルサという木材は軽量だが強度が低く、欠損部を補
うために型取りし、樹脂によって復元した。

撮影用オリジナルを型取りし、忠実に復元
サイズ　320mm×160mm×450mm
材質　FRP、真鍮、金属
オリジナルは、バルサ、木材、真鍮で作られていた。
デザイン　豊島 睦
制作東宝特殊美術課

MOONLIGHT
SY-3

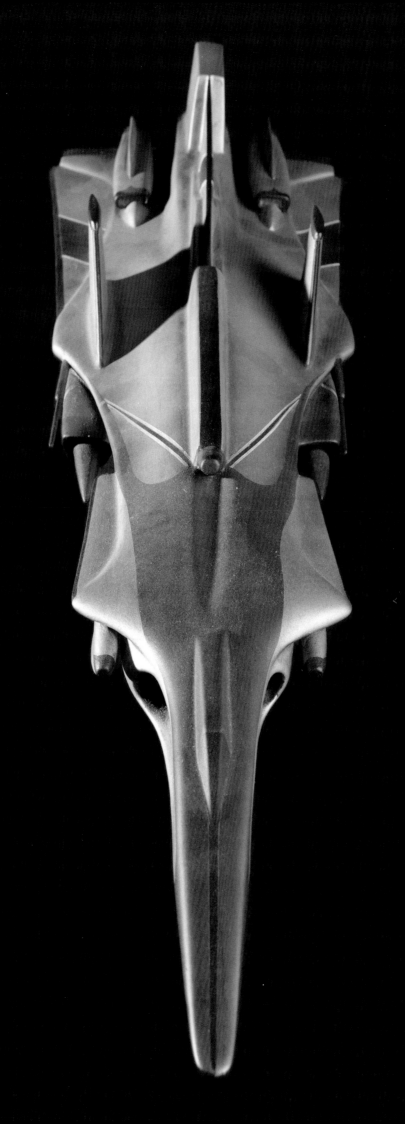

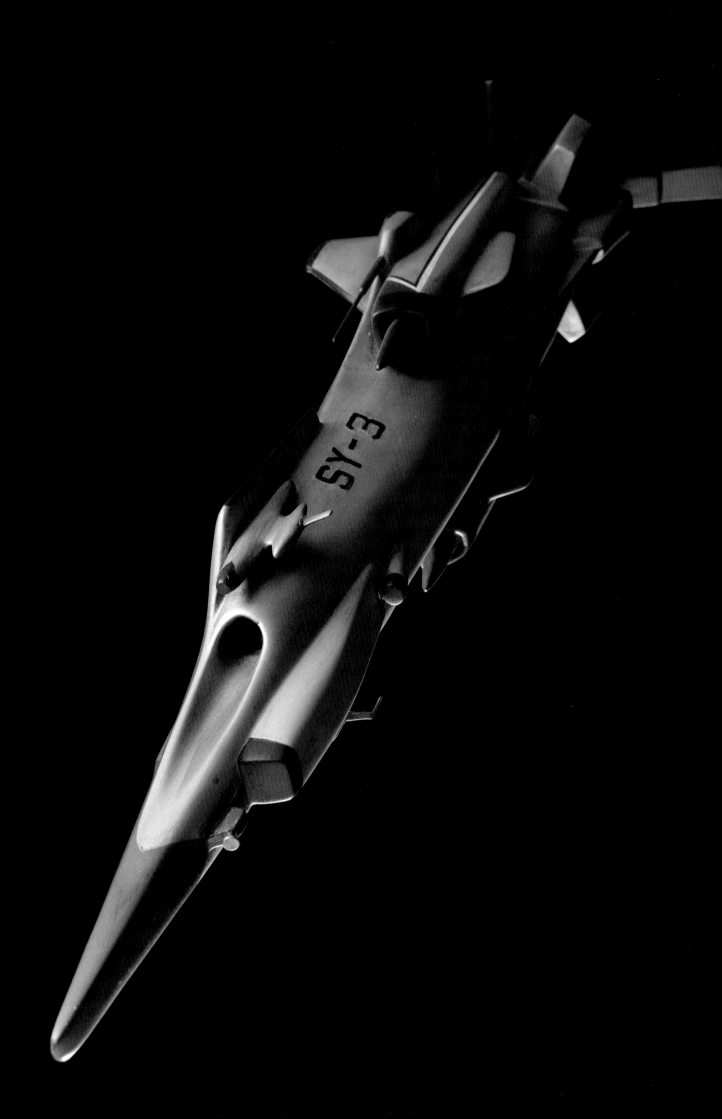

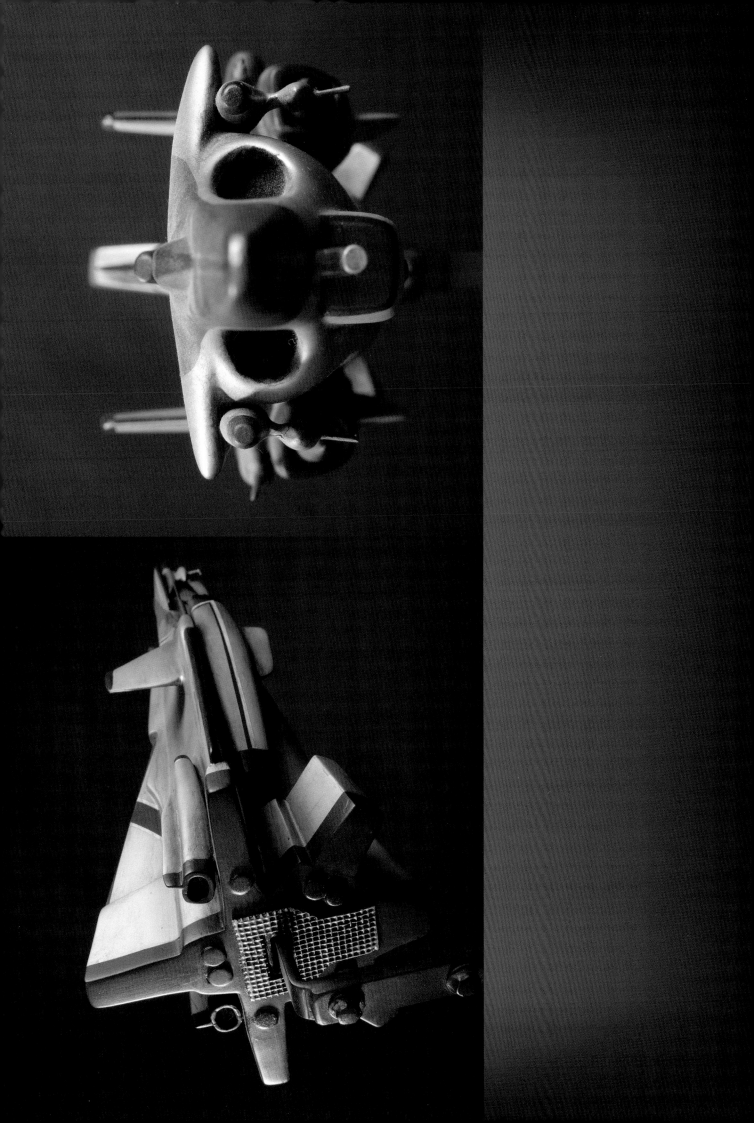

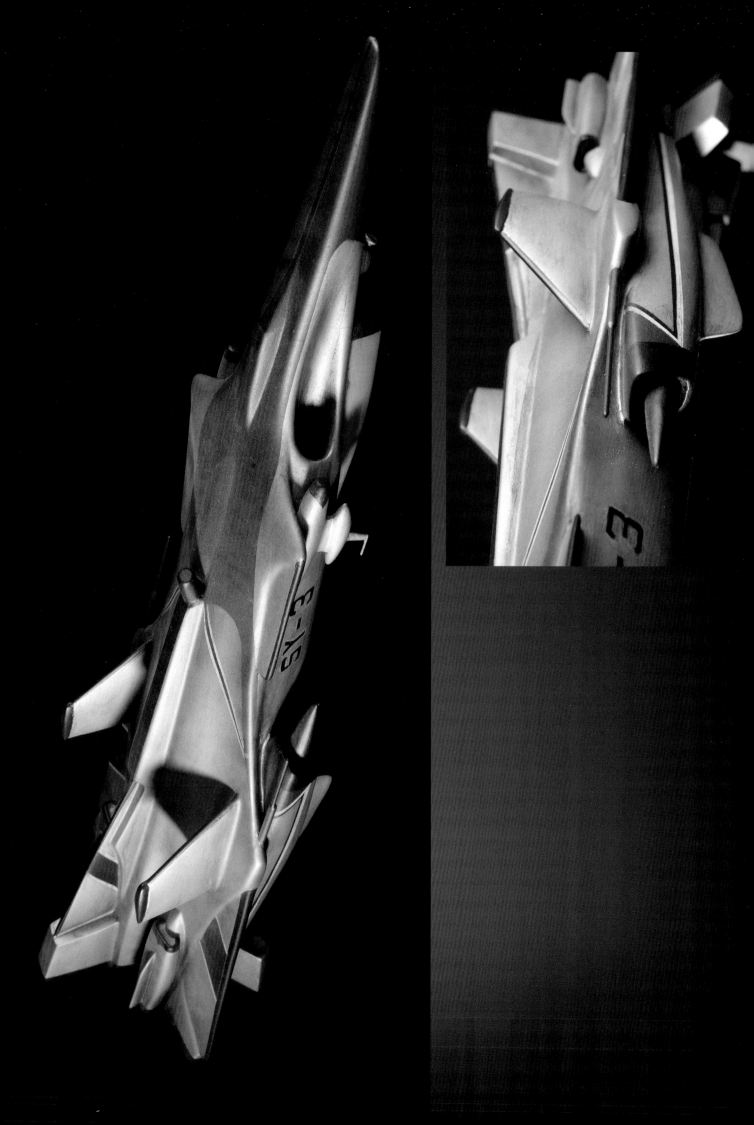

防衛隊対戦ヘリ

怪獣総進撃／1968年

劇中僅か2カットのみの登場。
『キングコングの逆襲』（1967）のドクターフーの
ヘリコプターのミニチュアを改造したモデル。
機体はブリキの板金を叩き出して作られ、ロング
ショットでの使用故にロータははずされて操演
されていた。当時の特撮ではこのように過去に
制作されたプロップの改造流用例も多い。

撮影用オリジナルを忠実に修復。
サイズ　400mm×250mm×240mm
材質　ブリキ、真鍮、朴、ベニヤ、木材、塩ビ
制作　高木敏喜、東宝特殊美術課

COMBAT HELICOPTER

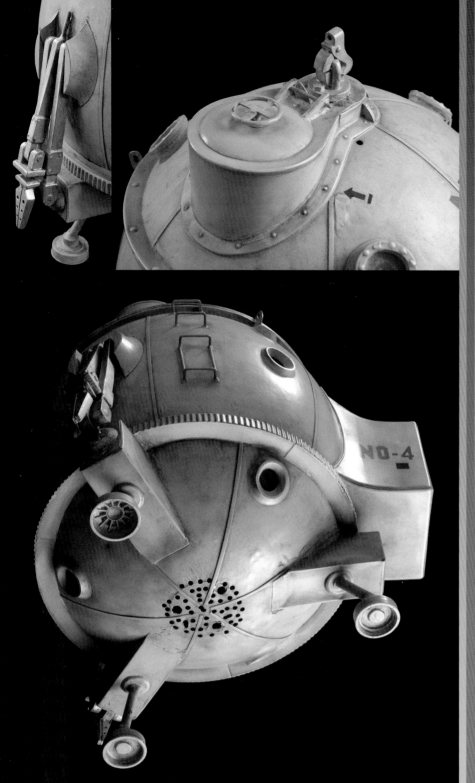

潜水球

緯度0大作戦／1969年

劇中冒頭少ない出番ながら、大中小と3つのサイズのプロップが作られている。いずれも戸井田板金の手によって板金加工された。このモデルは中サイズにあたる。

一部破損、欠損していたマジックハンドは、かつて子供の頃に特美の廃棄場で偶然拾い上げていた1つに準じて復元した。底部に空けられた穴は水中に沈めるためのもののようだ。

撮影用オリジナルを忠実に修復
サイズ　400mm×340mm×380mm
材質　ブリキ、鉄、金属、朴、木材
制作　戸井田（板金）工業

SUBMARINE POD

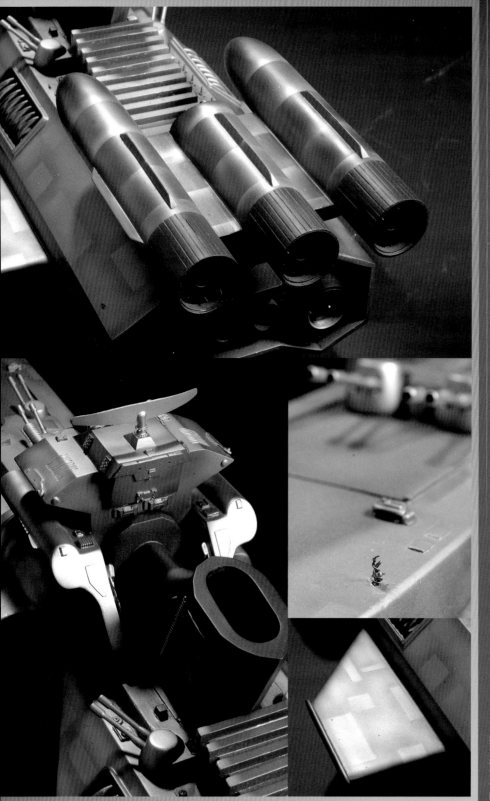

宇宙防衛艦 轟天

惑星大戦争／1977年

当時3.5メートルのリボルバーに開閉ギミック内蔵のものと、この1.2メートルの2種類のミニチュアが作られた。このモデルは戦闘シーンで激しく炎上、船体ドリル、ブースター部分のみ現存。幸い制作図面が残っており、欠損していた艦橋部を復元。ディテールの1/48ドイツ戦車のプラモデルパーツも撮影時とほぼ同様に修復出来た。

撮影用オリジナルを忠実に修復
サイズ　1290mm×395mm×410mm
材質　FRP、塩ビ、プラスチック、ベニヤ、朴、木材、アルミ、真鍮、ブリキ、金属
デザイン　井上泰幸
制作　アルファ企画

GOTEN

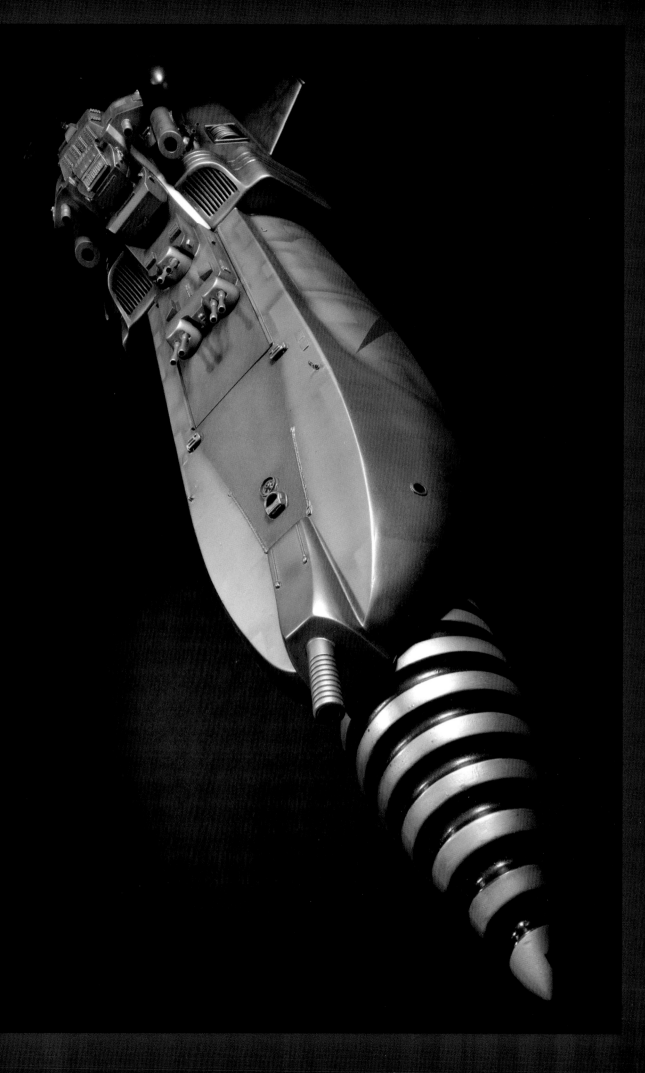

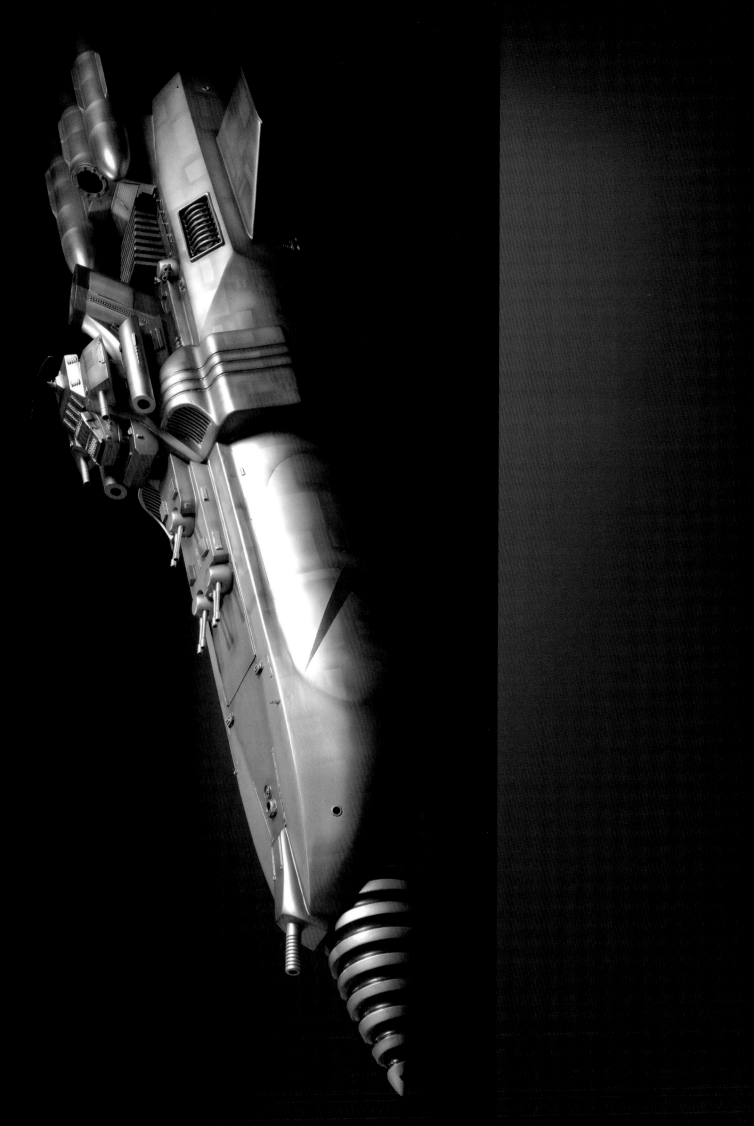

レーザービーム車

ゴジラ／1984年

1/30サイズで制作され、ボディ本体は木材で作られているが、車輪
やディテールにはプラモデルのパーツが効果的に使われている。
ミリタリーとSFらしさが融合したデザインは特美に在籍されていた
長沼孝氏。一部パーツの破損があったものの非常に良好な状態で
残されていた。

撮影用オリジナルを忠実に修復
サイズ　750mm×135mm×150mm
材質　プラスチック、バルサ、ベニヤ、木材、真鍮、金属
デザイン　長沼孝
制作　東宝特殊美術課

HIGH POWER LAZERBEAM BEHICLE

陸上自衛隊　火気厳禁 NO SMOKING

DANGER

61式戦車

モスラ対ゴジラ／1964年 他

相原模型というメーカーから当時発売されていた
アルミ合金製1/15スケールの組み立てキット。
東宝を始め各社の特撮美術もミニチュアとして
頻繁に使っていた。『宇宙大怪獣ドゴラ』(1964)
の特殊噴霧車や、『怪獣総進撃』(1968)の多用
途戦車等にも流用使用されている。

撮影用オリジナルを忠実に修復
サイズ　550mm×210mm×360mm
材質　アルミ、真鍮、金属、プラスチック
制作　相原模型製作所

TYPE61 TANK

九九式艦上爆撃機

連合艦隊司令長官 山本五十六／1968年

1/20スケール、バルサ製ソリッドモデル。
このプロップは高校生の頃、有川貞昌特技監督から頂いたもの。
撮影後のままの状態で良好な上、数年前までプロペラも回転して
いた。この映画の大量な航空機の殆ども特美内で制作されていた。
搭乗員は綿を針金に巻き付けてラテックスゴムで固めたもの。風防
を取り外した中に電池が入っている。

撮影用オリジナル
サイズ　500mm×710mm×220mm
材質　バルサ、朴、木材、塩ビ、真鍮、金属、綿、ゴム
制作　東宝特殊美術課

制作図面
サイズ　1070×750
作図　東宝特殊美術課

TYPE99
CARRIER DIVE
BOMBER

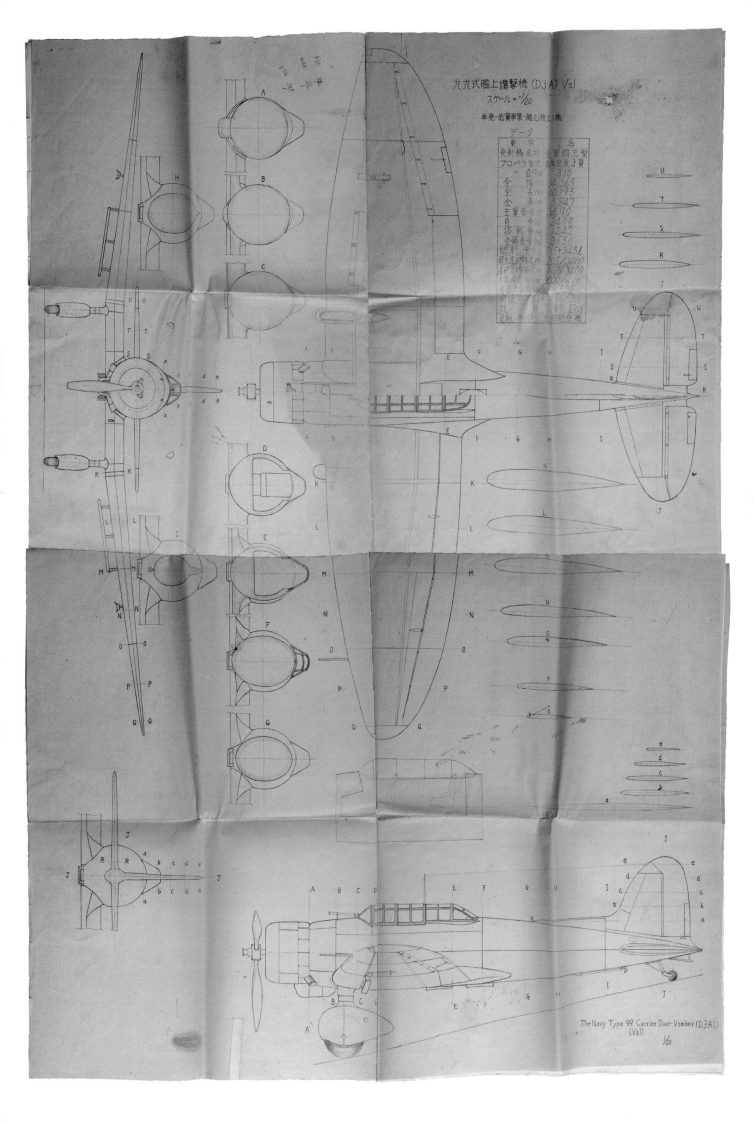

九九式艦上爆撃機 (D3A) Val
スケール＝¹/₂₀
単発・低翼単葉・艦上(陸上)機

The Navy Type 99 Carrier Dive-Vomber (D3A)
(Val)
¹/₂₀

ロッキードP2Vネプチューン哨戒機

日本沈没（TVシリーズ）／1974年

テレビシリーズ『日本沈没』第20話「沈みゆく北海道」の劇中僅か
2カットのみの登場。この作品のために制作されたモデルではなく、
本作のミニチュア制作を手掛けられていたヒルマモデルクラフトが
撮影レンタル用に作られていたプロップ。バルサのソリッドモデル
で双発のプロペラはモーターで回転する。

撮影用オリジナル
サイズ　840mm×360mm×300mm
材質　バルサ、朴、木材、塩ビ
制作　ヒルマモデルクラフト

L O C K H E E D
P 2 V
N E P T U N E

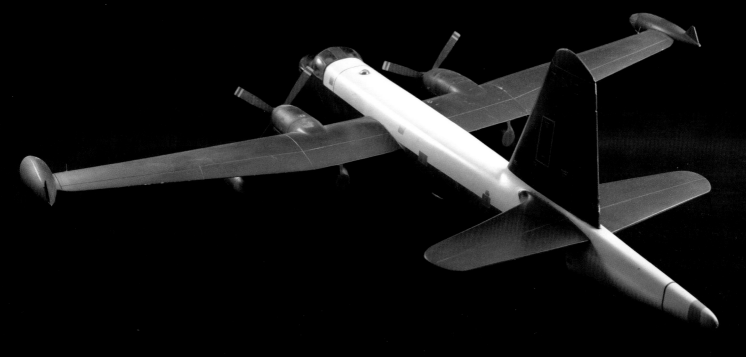

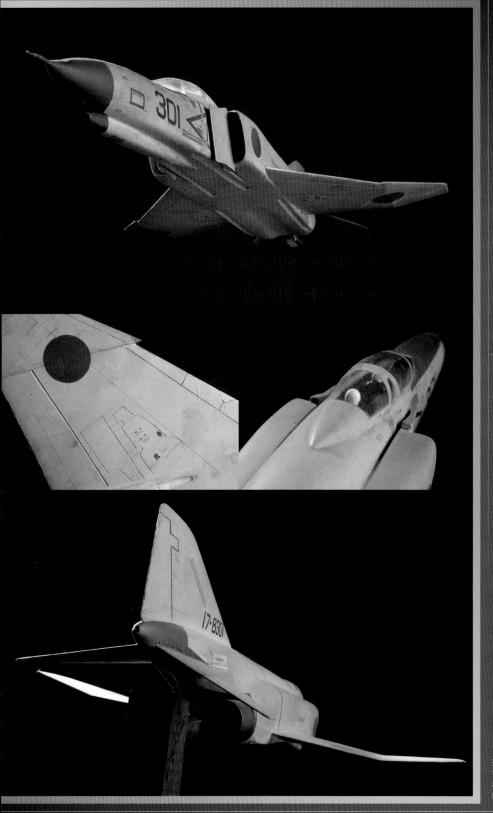

防衛軍F-4EJ ファントムII戦闘機

メカゴジラの逆襲／1975年

このプロップは表面のラッカー塗料の一部ヒビ割れがあるものの、比較的良好な状態。東宝特美の木工加工で制作されたソリッドモデル。手書の細かいマーキングは長沼孝氏の作業による。劇中ではメカゴジラIIに撃墜される編体の中の一機。爆破されたものはプラモデルを流用したものだったようだ。

撮影用オリジナル
サイズ　620mm×350mm×180mm
材質　バルサ、朴、木材、塩ビ
制作　東宝特殊美術課

F-4EJ PHANTOM II

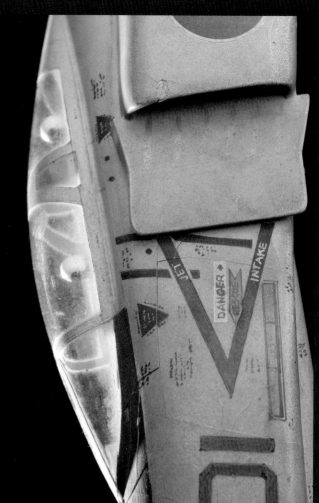

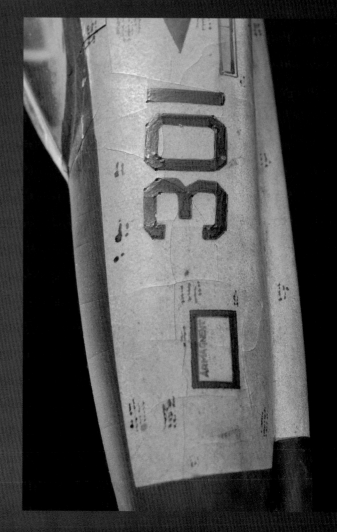

シコルスキーSH-60J哨戒ヘリコプター

ゴジラ／1984年

劇中東京湾の海中に潜むゴジラを探査するシーンで使われた。バルサを主に使ったフルスクラッチモデルで、細かなマーキングは長沼孝氏による手書き。
特撮のヘリコプターのミニチュアはピアノ線等で操演するため、吊り穴のある中心棒の外側のパイプにローターを取り付けて回転させる仕組み。このギミックも特美内で制作されていた。

撮影用オリジナルを忠実に修復
サイズ　570mm×550mm×180mm
材質　バルサ、朴、木材、真鍮、金属、塩ビ、プラスチック
制作　東宝特殊美術課

SIKORSKY SH-60J

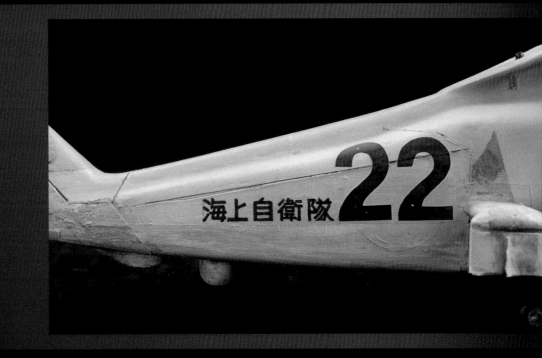

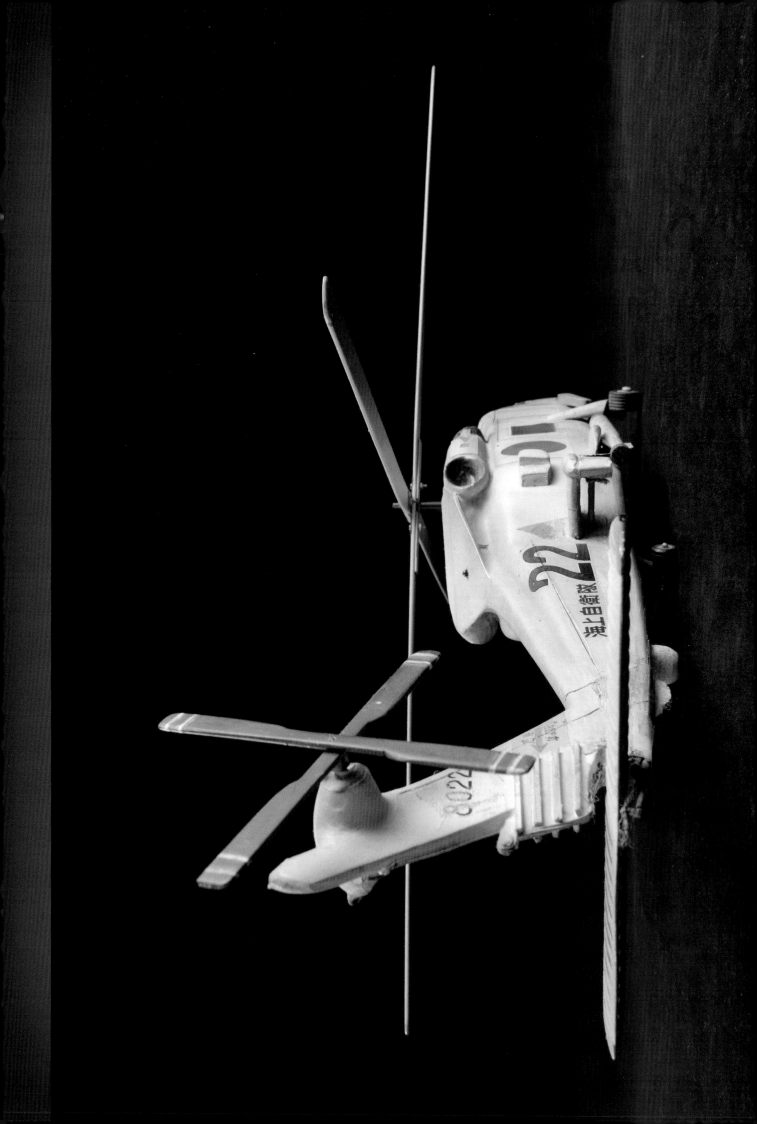

東海道本線 客車

ゴジラ／1954年

これは第一作『ゴジラ』(1954) で使われていたミニチュア。品川に上陸したゴジラの足に
激突脱線する車両の一つ。厚紙と木材で作られ、鉄道模型としては1番ゲージのサイズ。
割れた窓ガラスは本物のガラスを砕いたものが使われている。歴史的なプロップ。

撮影用オリジナル
サイズ　660mm×100mm×150mm
材質　紙、木材、鉄、金属、ガラス
制作　山田模型社

PASSENGER CAR

モスラ／1961年
キングコング対ゴジラ／1962年 他

50年代シボレー・ベルエアという車種を模した1/10サイズのプロップ。制作は『ゴジラ』(1954)の消防車や鉄道、「空の大怪獣ラドン」(1956)のオネストジョン等数々のモデルを手掛けた山田模型。ボディはバルサ製。屋根の部分が欠損、映像や数少ない当時のスナップ写真を元に再現。

搭乗する警察官は当時の特美造型の作りに準じて再現した。タイヤはミニチュアで使われることが多かったUコン飛行機の物。

撮影用オリジナルを忠実に修復
サイズ　560mm×240mm×220mm
材質　バルサ、木材、塩ビ、鉄、金属、ゴム
制作　山田模型社

POLICE CAR

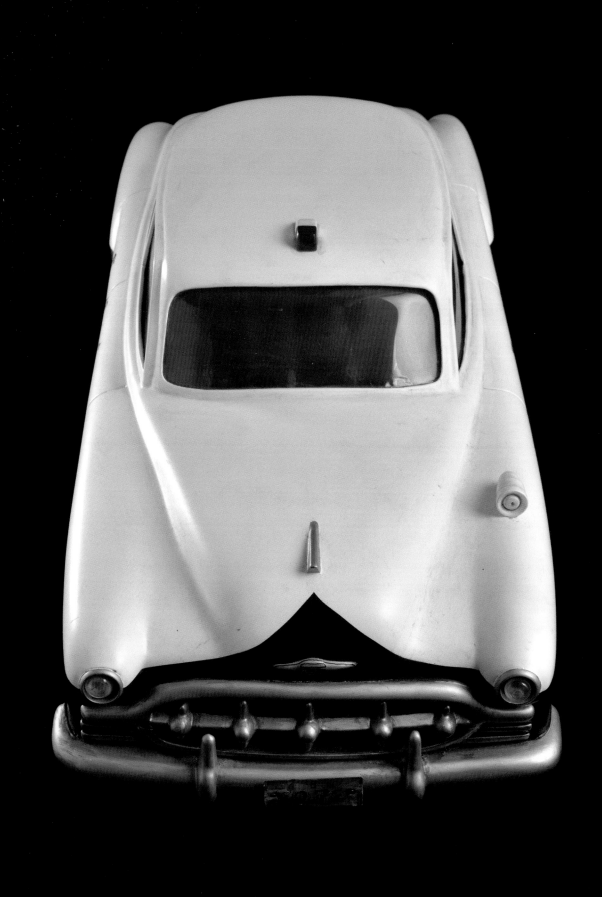

片

視

敬言

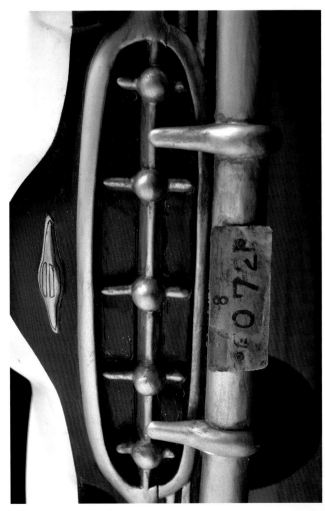

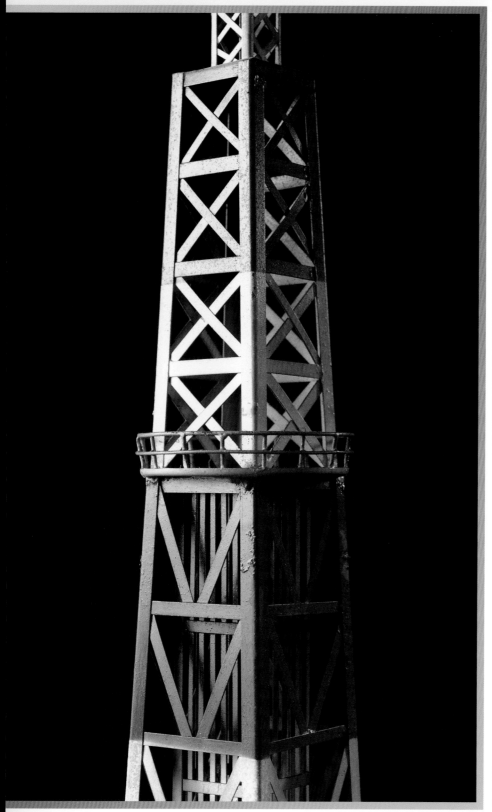

東京タワー

日本沈没(TVシリーズ)／1974年 他

昭和の特撮のモニュメントともいえるプロップ。
『モスラ』(1961)の東京タワーを皮切りにその殆
どを手掛けられた戸井田板金の制作。ブリキ板
をL字に折り曲げ、短冊状に切り落とし、ハン
ダ付けて組み立てるという全て手作り。東京タ
ワーといえば特撮において壊されるのが常。この
ミニチュアは劇中東京湾に沈んでいく故、珍しく
こうしてほぼ完全な形で残された。
スケールは1/300。

撮影用オリジナル
サイズ　1110mm×320mm×320mm
材質　ブリキ、金属、塩ビ、プラスチック、ベニヤ、木材
制作　戸井田(板金)工業

T O K Y O   T O W E R

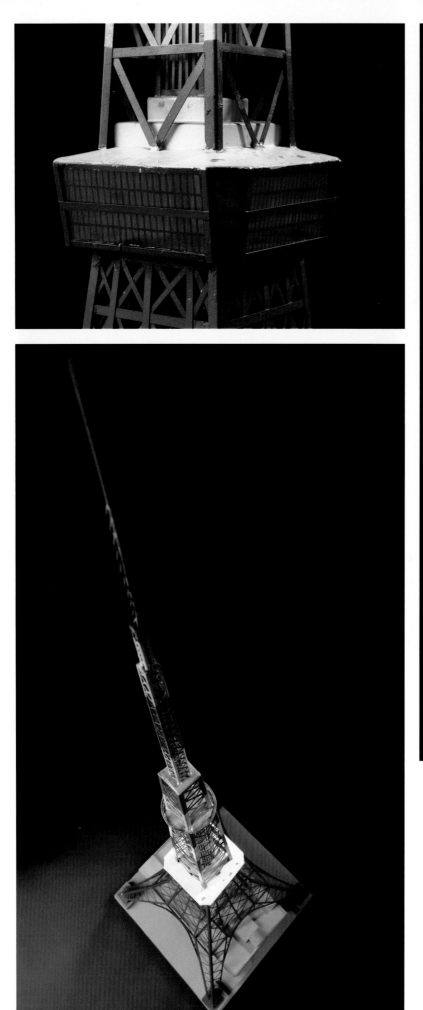
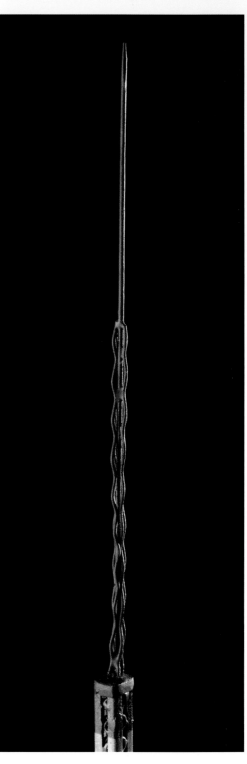

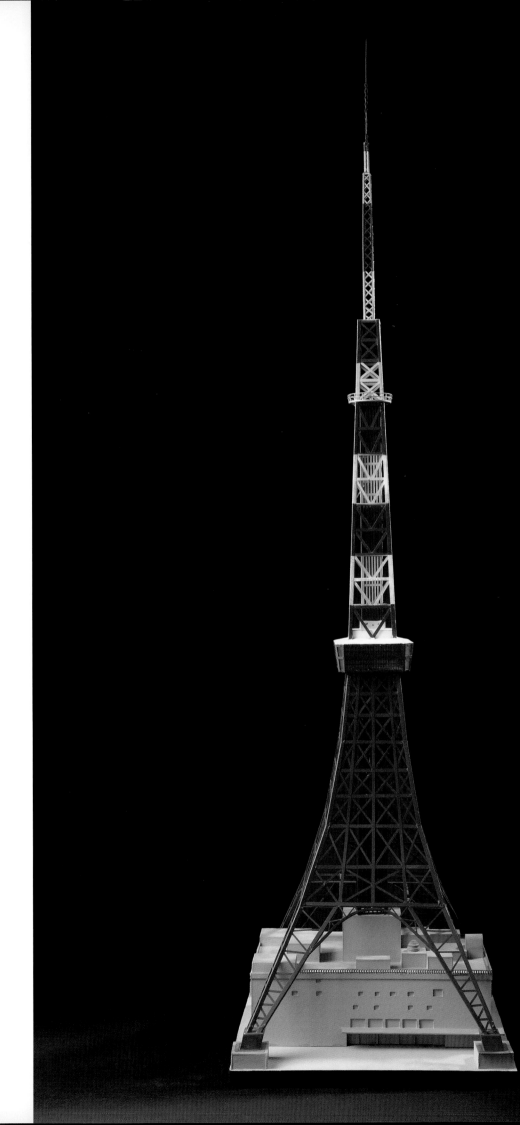

この本の刊行にあたり、著者・原口智生と、長く特撮作品に関わり、現在「特定非営利活動法人アニメ特撮アーカイブ機構（ATAC）」の副理事長として、
須賀川特撮アーカイブセンター設立にも尽力した映画監督・樋口真嗣氏との対談を実現。
映画界との関わり、その当時の東宝特撮の現場の雰囲気、ミニチュア特撮への愛情などを語っていただいた。

Tomoo Haraguchi vs Shinji Higuchi

原口智生✕樋口真嗣

東宝撮影所に通い始めた頃

原口 樋口さんが、東宝の撮影現場を最初に見に行ったのは『連合艦隊』の時ですか？

樋口 もうちょっと前ですね。『二百三高地』とか『地震列島』が終わった頃。屋上のオープンセットがまだ残っていましたから。

原口 それは誰かの伝手で？

樋口 コマーシャルの仕事をしていた叔母についていったんです。まだ中学生でした。叔母が仕事をしている間、僕はそのへんをウロウロしていて、特殊技術課という看板を見つけて入っていった。そこにいたのが唐沢（登喜麿）さんという課長で、元カメラマンだった方です。その人が世話好きでいろいろと案内してもらいました。特技監督の中野昭慶さんを紹介してもらったのもその時ですよ。今考えるとよく紹介しましたよね。相手は中学生なのに（笑）。

原口 たしかに（笑）。

樋口 どこの誰ともわからない中学生にですよ。「誰だ、何しに来たんだ」って怒られるのが普通じゃないですか。

原口 叔母さんが間に入ったとかではないんですね。

樋口 そのへんをウロウロしていたら、偶然という感じです。当時、80年代の頭、いや70年代の最後くらいかな、あの頃の東宝特殊技術課って暇だったんだと思いますよ。映画そのものの本数が減って、そうなると人もリストラされるじゃないですか？

原口 あの頃の特美（特殊美術）って、どこにありました？

樋口 撮影所のずっと奥でしたよ。

原口 村役場みたいな建物の奥？

樋口 横に体育館があって。間に造園みたいなのがありましたね。

原口 仙川があって、体育館があって、村役場みたいな建物があって、その隣の奥が造園みたいになってるんだよね。

樋口 木がわっと生えてたところですね。そこに、カポックでできた3メートルぐらいのガイガンとかゴジラがあったじゃないですか。

原口 あれは展覧会用に作ったやつでしょう。

樋口 あ、そういうのもやってたんだ。

原口 たしか『流星人間ゾーン』の頃かな。

樋口 最初、ゴジラタワーかなと思ったんですけど、そんなに大きいわけないし。

原口 井上泰幸さんのアルファ企画から出てきた資料のダンボールを整理していた時、そのカポック用の図面が出てきたんだ。だから東宝特美でも作っていたかもしれないけど、アルファ企画でも作っていたんでしょうね。

樋口 ずっと造園の中に置きっぱなしになってて、まるでアンコールワットみたいだった。あの造園って、『ゴジラVSキングギドラ』の中で、ゴジラザウルスが出てくるシーンで使われているんですよね。

原口 じゃ特美自体は、『二百三高地』があったから作業はしていたんですね。中には入らせてもらったんですか？

樋口 いや、なんか怖い感じがして。技術課は何しているのかわからない事務所みたいな感じでしたけど、当時の特美って何か怖い感じがあったんですよ。

原口 なんかわかる。職人の集まりというか、大工の棟梁みたいな人たちばかりみたいな感じがした。

樋口 子どもが入ってはいけないような、近寄りがたい感じがあって。それに、あれは旋盤だったのか、すごい音がしてました。だからちょっと遠巻きに見てましたね。『二百三高地』の旅順港のシーンに出てくる戦艦を作っていたのをおぼえています。外の水槽には、『地震列島』の、東京の街の小さなミニチュアが置いてありました。あれ、たぶん未使用カットだったと思うんですけど。

原口 ロング用だったかもしれない。

樋口 あと、『惑星大戦争』の轟天の大きいサイズが木箱に入って置かれてました。

原口 あの頃、特美は使い終わったミニチュアを木箱に入れて保存していたんです。『フランケンシュタインの怪獣 サンダ対ガイラ』のメーサー車とか。

樋口 そんな木箱が大量に積んでありましたね。

原口 モスラの幼虫や成虫を入れた箱もあったんです。その特美の奥にプレハブの長屋みたいな建物があったはずですが、そこには入りました？ そこが建物とか戦闘機とかのミニチュアの倉庫ですよ。

樋口 そうなんですか。入っておけばよかった。でも勝手に入れたんですか？

原口 鍵なんかかかってないから。そうか、樋口さんはひとりで見ていたから、わからなかったのかもしれないね。僕の時はありがたいことに案内役がいたから。僕が東宝撮影所に最初に見に行ったのは、たしか『サンダ対ガイラ』の時でした。でもせっかく連れていってもらっても、必ずしも何か撮影とかしているわけじゃないんです。後で映画の仕事をやったからわかるけど、準備している時間の方がずっと長い。そんな時に、誰だったのかな、特美に連れていってくれたんです。その時はまだ特美は大プールの脇にありましたね。

樋口 じゃ、その後にあのオープンセットの奥に移ったんですね。

原口 たしか『地球攻撃命令 ゴジラ対ガイガン』の頃ですよ。

樋口 特撮映画が縮小される頃ですよね。それにともなって奥に追いやられた。

原口 ミニチュア置き場の長屋を見せてもらった時、案内してくれたのがナベさん（注：特殊効果の渡辺忠昭氏）だったんです。そこに『宇宙大戦争』の戦闘ロケットの小さいサイズの模型があって、しげしげと眺めていたら、「それ、あげるよ」と。それが初めてもらったミニチュアでしたね。

樋口 それはまだあるんですか？

原口 ありますよ。特撮博物館にも出しました。

樋口　ああ、あれがそうですか。

原口　月面探検車もあったんですが、その当時、映画自体を見たことがなくて、これが何かわからなかったんです。その後『メカゴジラの逆襲』くらいまで通いましたが、こういうミニチュアって、どう見ても大事にされてるって感じじゃなかった。

樋口　大きなものは外に置きっぱなしになってましたね。

原口　戦艦とか大きいものは土管みたいに積まれているんです。その後、時間が経つとブルドーザーで潰してましたからね。そんな時に拾った『日本海大海戦』の戦艦三笠の部品が、須賀川にある6メートルのミニチュアを復元する時に役立ったんです。

樋口　でその後、『帝都物語』で原口さんと出会うまで、原口さんも子どもの頃からそうやって東宝撮影所を見学していたなんて知りませんでしたね。僕が名前を知った時にはもう、原口さんは特殊メイクのスターでしたから。日本でもこれだけの技術を持った人が出てきたんだと。いろんな本に紹介されてましたし。

原口　自分ではまったく自覚がないんですよ。なし崩し的にやることになったというだけで。

樋口　あの頃、特殊メイクではすごい人がたくさん出てきたじゃないですか。トニータナカさんとか。みんなどこかアメリカ帰りという感じがありましたよね。

原口　アメリカ帰りじゃないの、僕だけですよ（笑）。

樋口　いや、でも原口さんにもアメリカ帰りって感じがありましたよ。当時、福生のアメリカンハウスにスタジオがあると聞きましたし。でもこういう形でニアミスしているとは思いませんでしたね。

原口　僕が『ウルトラマン80』をやっていたって知らないでしょう。

樋口　知りませんでした。でもあの当時、「ファンタスティックコレクション」を見ると、原口さんの名前がなぜ「メカ考証」の肩書で載っているのか不思議でした。特殊メイクの人がなぜメカ考証に載っているんだと。今思えば不思議でも何でもないんですけどね。

原口　でも僕は、特撮の仕事に従事しようとは思わなかった。樋口さんも、その後特撮に潜り込んだとはいえ、たとえば造形などをやりたいと思ったわけじゃないでしょう。初めて会った時から特撮監督をやりたいって言っていたから。

樋口　でもやれる気は全然しませんでした。先輩はすごい人ばかりですし。

ケンタッキーフライドチキンで認められる

原口　それで、実際に仕事を手伝うようになったのはいつからなの？

樋口　『連合艦隊』は、まだ見学だけでしたね。撮影のスケジュールを聞いて出かけていってました。まだ中学3年くらいだったので。

原口　それじゃさすがに働けないね。

樋口　だから実際には『さよならジュピター』からです。高校3年でしたね。手伝うといっても絵コンテ描いたり、使

い走り。川北（紘一）さんにこき使われました（笑）。川北さんは、以前は予算度外視でやっちゃうような暴れん坊だったんですが、『ウルトラマン80』などのテレビシリーズをやって東宝に戻ってきたら、妙にお金に細かくなったというか（笑）。おまけに当時の東宝特技課には、何ていうか「マニアは敵」みたいな風潮があって、どちらかというと川北さんもあっち側に回ってたんです。川北さん自身、マニアなのに（笑）。

原口　そんなことがあったんだ。

樋口　当時、もう「宇宙船」もあったし、「ファンタスティックコレクション」のようなマニア向けのムックも出てたじゃないですか。それで、撮影所に見学に来たマニアの中には、悪さをするような連中もいたんでしょうね。それがマニア全般に対する毛嫌いにつながって、「特撮スタッフにマニアはいらん！」ということになった。当然、僕なんか真っ先にヤバいじゃないですか。「お前、マニアだろ？」「違います」って必死にごまかしましたけどね。それは『ゴジラ（'84）』の頃までありましたよ。

　話を戻しますが、それで『さよならジュピター』は、模型の作り方も今までとは違っていたし、何か日本の特撮は変わるって実感がありましたね。だからもうこれは大学受験なんかしている場合じゃないと、予備校行くといって親から金もらっては撮影所に通いました（笑）。ちょうど、その頃、現場にもスタッフの世代交代が必要だろうという空気もあったんです。

　それが終わると『零戦燃ゆ』ですね。これも特技監督は川北さん。『ジュピター』はまだ実験作という感じでしたが、東宝特撮はここから本格的に変わるんだ、という意気込みがありました。この『零戦燃ゆ』で、初めて会ったのが、特殊効果部の関山和昭さんです。『巨神兵東京に現わる』とか『シン・ゴジラ』にも参加していただいてます。関山さんは『宇宙からのメッセージ』の後、一時引退されていたんですが、『ジュピター』から立て続けに特撮映画の大作があるというので呼び戻されたんです。特美もバイトの数を増やせということになって、もうその頃には『ゴジラ』が復活することも決まっていたので、業界がざわつき始めた。僕なんかは、そのどさくさにうまく乗っかられた感じです。

原口　『ジュピター』や『零戦』もバイトだったんですか？

樋口　いや、まだバイトじゃなかったですね。あくまでも見学者。お手伝いをする見学者でした。なのに『ジュピター』では川北さんに、『零戦』では関山さんにこき使われました。使い走りですからね。

　撮影が終わると反省会と称して飲み会が始まるので、そのつまみを買ってくるのも大事な仕事なんです。あの当時、撮影所の正門を出ると、仙川沿いに酒屋があって、そこで調達してたんですよ。でも大したものはないし、毎回同じじゃ飽きられるし。そこで自転車を飛ばして駅前のケンタッキーフライドチキンでバケットを買ってきたら、「これはうまい！」と大ウケ。それで認められた（笑）。

　そのうち、飲み会にも誘われるようになったんですよ。ある日、いつの間にかナベさんが横にいて、焼酎のお湯割りを何杯も飲まされてぶっ倒れた。やがて久米さん（注：特殊効果部の久米功氏）の悲鳴で目が覚めたら、どうも飲み過ぎで、久米さんの車の運転席に、ゲロ吐いちゃったらしくて（笑）。その罪滅ぼしのために特殊効果部で1ヶ月タダ働きさせられました（笑）。そうこうしているうちに『零戦』が終わって、そのまま監督以外のスタッフは『ゴジラ（'84）』にスライドするんです。

『ゴジラ（'84）』でようやく正式スタッフに

原口　『ゴジラ（'84）』では、最初に何をやっていたんですか？

樋口　特殊効果部で、島を光らせるための配線をやりました。でもそうしているうちに、「あいつ誰だ」ということに

なった。得体のしれないやつがずっと現場にいると、それで当時の特美の課長だった青木（利郎）さんに説明したんですよ。「いやこういう経緯で、今は久米さんの下でお手伝いしてます」と。「そんなの、だめだろう」って。たしかに怪我とかさせられたら困りますからね。仕方なく「あいつ雇え」ってことになったんですけど、雇いにしたって大したことができるわけじゃないし、だいたい、バイト代は特美と特殊効果とどっちが持つんだ、となすり合いをしている（笑）。そうこうしていたら、特撮研究所からスタッフがふたり研修に来ることになったんですよ。どちらも九州大学工学部出身。これからの特撮はコンピューターを使うようになるから、もうお前みたいな高卒はいらん、と言われてクビになりました。学士様、しかも九州大学じゃ勝てっこないなとあきらめました。そのふたりというのが、他ならぬ佛田（洋）さんと三池（敏夫）さんなんですけどね。

　そんなわけで、青木さんには「お払い箱になりました」と言ったら、「仕方ないな」と特美で雇ってもらえることになり、井上泰幸さんの助手をやることになった。井上さんは特美のプレハブに仕事部屋、図面引きとかの部屋を持っていたんですが、特美じゃなくてあくまでもアルファ企画の人なんです。だから特美の人間を助手にすることは雇用上できないので、どこの人間でもない自分が助手をやることになったんです。

原口　まだ助手で、美術というわけじゃなかったんだ。

樋口　図面の通りに紙を切ったり、セットの模型を作るのが仕事でしたね。それと、井上さん、机の下に焼酎の瓶が置いてあって、朝来るといきなり飲み始めるんですよ。で、「君もやりたまえ」と（笑）。「またこれか」と思いつつも、自分は書生だし逆らえないから、仕方なく付き合うんですが、朝から飲み始めて昼にはもうベロベロですよ。それを青木さんに見つかって「何やってるんだ！」とどやされる。「僕は悪くない」って言いたかったんですけどね。

　そうやって怒られながらも、新宿の高層ビルの模型などを作っていたんです。ゴジラの身長が高くなったおかげで、今まで使っていた40分の1のビルのミニチュアが全部使えなくなり、新規で作らないといけなかったんです。でも、スチレンボードという新素材が手に入るようになったのが大きかった。ベニヤ板よりもはるかに効率よく作れるし、技術もいらない。そのために美大の学生を大量に呼んでいたくらいですから。

原口　それで造形部にはいつ移ったの？

樋口　井上さんは、建物などの図面はきっちり引くんですけど、あまり怪獣は得意じゃなかったんですね。ヘドラとかデザインしていますけどね。ある時、新宿のビルとの対比用に描かれたゴジラを見て、もうちょっとこうした方がと思って、練り消しゴムをこねて作ったゴジラに色を塗ったんです。造形物としたら大したことないんだけど、それを見て「いいね」と褒められ、それで造形部に行くことになりました。井上さんからは、お礼だと言って、『惑星大戦争』のスペースファイターと、金星大魔艦の円盤（ヘル・ファイター）をいただきました。

　造形部では、安丸（信行）さんの下で働くことになったんですが、安丸さん、すごく怖い人だと聞いていたので、ビクビクしてましたよ。

原口　造形部では、何か小物とかを作ってたんですか？

樋口　パートのおばちゃんたちが5、6人いたので、その下について、発泡ウレタンを流したりしてました。ちょっとトラブルがあってゴジラの着ぐるみが遅れ、撮影が始まってから約1ヶ月後にようやく完成してからは、撮影の手伝いをやりました。

　特撮のラストカットはゴジラが火口に落ちるシーンでしたが、そこで使った3尺のミニチュアを「あれほしい」とスタッフが血眼になっていました。それを「誰にも渡すな。必ず持って帰れ」と厳命されたので、火口に転がり落ちてカットがかかった瞬間、みんながわっと獣のように飛びかかろうとする時に、ゴジラの脚に巻いたピアノ線を必死に手繰り寄せました（笑）。「これは誰のものでもない、造形部のものだ！」って。「おい、つまんないことを言うな」とブー

イングされましたけどね。そのせいで、スタッフの3分の1を敵に回すことになって、その後のお疲れ会の時、かつがれたまま大プールに放り込まれました（笑）。

原口 プールに落とされたというのは聞いたことがあったんだけど、そんな理由だったんだ。

樋口 仕方ないですよね。持って帰らないと怒られるし。

捨てる物あれば拾う物あり

原口 撮影が終わってからは何をしていたんですか？

樋口 ミニチュア倉庫の整理ですね。『ゴジラ('84)』で使ったミニチュアを収納するために、倉庫を半分空けろと。今、入っているものから、いらない物は捨てるようにと言われたんです。

原口 なぜ、昔のミニチュアが残っていないのかという貴重な証言ですね。

樋口 ただし、「お前みたいなマニアは、持っていったらダメだぞ」と釘を刺されました（笑）。と言われながらも、Aサイクル光線車とかは、持ち帰りましたけどね。捨てるならいいだろうって。

原口 Aサイクル光線車はうちにもあるんですよ。カメラマンだった桜井景一さんから預かったんです。

樋口 それ多分、僕が持ち帰ったやつですよ。持ち帰ったのはいいけど、結局持て余して、そういう時は桜井さんにお預けしたんです。それが最終的に原口さんに渡ったんでしょうね。

原口 なるほど、Aサイクル光線車も、轟天もそういう弾圧をくぐり抜けてきたんだ。

樋口 ムーンライトSY-3もありましたけど、それも捨てろと言われた。「え、ムーンライトなのに」と思いましたけど、緑色に塗り直されて、なんか竜の絵まで描かれてて、ムーンライト感まったくなし（笑）。むしろ恐獣ミサイルみたいになってた。なんでか台湾に貸し出された時、そうなったみたいですね。仕方なくあきらめて、これを捨てる代わりに他の物を救出しよう。

原口 かなり貢献してますね。

樋口 『モスラ』の原子熱線砲の土台もあったんですよ。かなり大きいやつ。こういう大きなやつは、特美のプレハブの裏にあった粗大ゴミ置き場に捨ててました。いっぱいになると業者が回収していくんです。そこに捨てろと言われたので、持っていくフリして造園の草むらに隠した。その頃、大阪のゼネラルプロダクツとの付き合いができて、そのことを話したら、大阪から車で取りに来たんです。ただ、それがその後どうなったのかわからない。

原口 僕が通っていた頃は、もうそのへんにいろんなものが落ちていて、あそこにあれが落ちていたとか、そういう記憶が今でも残ってます。このヘドラの目も、そのひとつなんですけど、拾った時はまだ周りにウレタンがついていたんですが、だんだんボロボロになって、なくなってしまった。これを拾ったのは、たしか『ゴジラ対メガロ』の頃かな。『日本沈没』の準備をしていた記憶がありますから。でも、そう

やって怪獣もどんどん潰していたってことですよね。

樋口 僕も『クレクレタコラ』のモンロとか、デブラ、あとチタノザウルスをつぶしましたね。チタノザウルスはなんとかして助けたくて、でも全身を持って帰るわけにもいかないじゃないですか。それで首だけでもと思ったんですが、チタノザウルスって、あの長い首が曲がらないように中に鉄板が入っていて、包丁とかじゃ切れない。仕方なく電動ノコを使ったら、火花で焦げ始めた（笑）。これはいかん、とあきらめました。

原口 チタノザウルスの最後を見届けた（笑）。そういえば、その頃の特美ってどこにあったんですか？

樋口 大プールの裏のプレハブでしたね。『ジュピター』の時はもうそこでした。『連合艦隊』の時は、例の村役場みたいな建物でしたね。

原口 その2作品の間に移ったということか。

樋口 たぶんですけど、東宝はディズニーランドの立ち上げに関わっていて、エレクトリカルパレードを作っているんですよね。その作業場がプール裏だったので、完成後にそこに移したんじゃないかと。

原口 その頃には僕はもう東宝には行かなくなっていたから。それでその倉庫整理が終わってからはどうしたんですか？

樋口 結局、その後また映画がなくなってしまったんです。それで東宝はやめて、映画じゃないものを2、3作やって、それから『八岐之大蛇の逆襲』に行くんです。

ミニチュアにはそれを作った人の人生がつまっている

原口 僕がこうやってミニチュアの修復をやっているのは、せっかく残されたものならそのままにしておかずに、可能なら直した方がいいと思うからなんです。以前、見つかった例の戦艦三笠なんかもそうだけど、修復する過程で「こうやってできているんだ」ということもわかりますからね。

樋口 あと、ミニチュアというのは、そのものであれ、作品であれ、作った人につながるじゃないですか。須賀川特撮アーカイブセンターがオープンする時、先日亡くなった東映会長の岡田裕介さんが、『宇宙からのメッセージ』のガバナスシュートを見て「あれ、俺のじゃないか」とおっしゃったのがすごくうれしかったんです。「あれ、俺が最初にプロデュースした作品なんだよ」と。その一言で、ちゃんと現場にいた人なんだってわかるじゃないですか。ここにいる岡田裕介さんと40年以上も前の『宇宙からのメッセージ』という作品が、ミニチュアを通してつながるというのがすごいなと思いました。

原口 あれがなぜ見つかったかというと、時代劇も減ってしまったので、京都撮影所をもっと広く、レンタルもできるように改装しようという声が出たからなんですよね。それで一度大掃除をしようということになって。

樋口 スタジオってホリゾントと壁のところに隙間があるんですが、そこがもうゴミ捨て場みたいになっていたんです。そこを片付けたら『宇宙からのメッセージ』のミニチュアが出てきた。それで撮影所にいる知り合いからメールが来て、「これ何だかわかる？」って。あわてて京都に行って確保しました。

原口 その知らせを樋口さんから聞いて、僕も驚きました。え、どのサイズ？って（笑）。

樋口 僕たちがこれからやらなきゃいけないことは、古いミニチュアを「これはすごいものなんだよ」とわかってもらうことなんだと思いますよ。ただゴミとして捨てられるのがいちばん怖い。だからこれからいちばん気をつけないといけないのは、スタッフが亡くなられた時、そのご遺族によくわからないまま捨てられてしまうこと。これをできるだけ防ぎたい。

原口 整理業者に一括して処理を任せてしまったりとかね。

樋口 自分たちがこういうものが好きで、特撮の仕事をしているのも、誰かがこういうミニチュアを作ったからなんです。それに関わった人たちの人生というのは、僕たちにとってもかけがえのないものなんだ。それを伝えたいんですよ。それができるうちに。

原口 あなたたちの仕事がこれだけの影響を与えているんですよ、ということですね。それは映像でもそうだし、ミニチュア1個でもそう。

樋口 そういう人たちに対して「ありがとうございました」ということが、須賀川特撮アーカイブセンターを作ったひとつの意味なんです。

ミニチュア特撮がこれからどうなるかわからないけど、これからのことは、田口（清隆）監督たちに任せたと。あと今、京都に石井那王貴さんという、すごいミニチュアを作る人がいるんですよ。

原口 彼は、平成ガメラを見て、ミニチュアに目覚めてしまったみたいですね。それでこういう仕事がしたいということで、三池敏夫さんに手紙を書いた。

樋口 僕のところにも手紙が来ました。「今、こういう映画を撮っているんですが、こういうカットを撮りたいけどどうすればいいですか」と。たまたま時間があったので、すごく丁寧に返事を書いたんだけど、それがどうも人生を狂わせちゃったらしい。彼は『進撃の巨人』の現場にもいたし、最近では『大怪獣ネズラ1964』の特殊美術をやっているみたいですね。

原口 今は家庭の事情で実家に戻って、自主映画を撮っているみたいだけど、送られてきたミニチュアの写真をみると、すごく良くできていますよね。

樋口 あれはびっくりします。だからもう、ミニチュア特撮というのは、形は変わるかも知れないけど、彼ら若い人間がちゃんと受け継いでいるんですよ。

原口 不思議だな、と思うのは、ミニチュアって、実物は必ずしも精巧にできているわけじゃないんですよね。それが映像になるとすごくよく見える。

樋口 映像には照明とか音楽とかいろんな要素が入るから、ということもありますけど、出来上がったものではわからない情報ってありますよね。実物と映像が比較できれば、それを考えるきっかけになるじゃないですか。こういうミニチュアを残す意味って、そういうところにもあるんですよ。CGが主流になると、がんばらなくていいところまでがんばっちゃうような気がして。

原口 「必ずしもがんばって手をかけて作ったから映像でよく見えるわけじゃない」というのがこういう特撮映画の面白いところですよね。だからどんなかけらでもそうした検証はできるわけです。

樋口 まさに「夢のかけら」ですよね。

樋口真嗣
ひぐち・しんじ
1965年9月22日生まれ
東京都出身

高校生の頃から東宝撮影所に出入りし、卒業後、『ゴジラ('84)』で映画界に入る。その後、ガイナックス、GONZOを経て、現在はオーバーロード所属。映画監督、特技監督、絵コンテ・演出、脚本として、数多くの特撮作品、アニメに関わっている。主な参加作品は『八岐之大蛇の逆襲』(1985年／特技監督)、『平成ガメラシリーズ』(1995〜1999年／特技監督)、『ローレライ』(2005年／監督)、『日本沈没』(2006年／監督)、『巨神兵東京に現わる』(2012年／画コンテ・演出・監督)、『進撃の巨人 ATTACK ON TITAN』(2015年／監督)、『シン・ゴジラ』(2016年／監督・特技監督)、『ひそねとまそたん』(2018年／原作・総監督)などがある。今夏、最新作『シン・ウルトラマン』(監督)が公開予定。また「特定非営利活動法人 アニメ特撮アーカイブ機構(ATAC)」副理事長も務める。

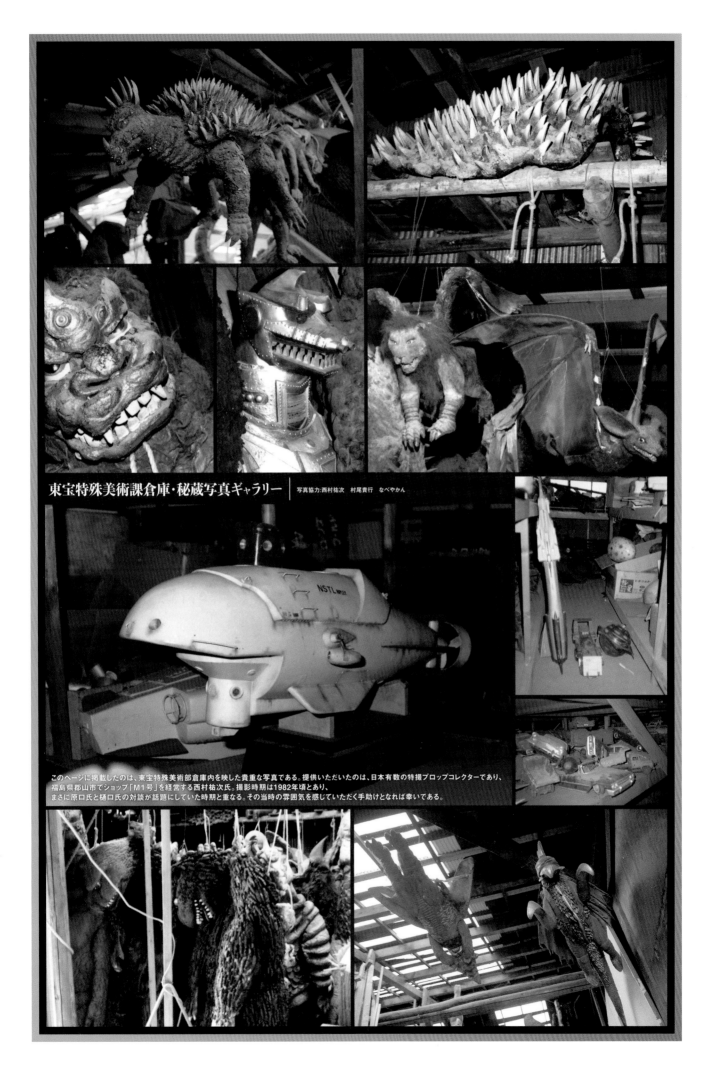

東宝特殊美術課倉庫・秘蔵写真ギャラリー | 写真協力:西村祐次　村尾貴行　なべやかん

このページに掲載したのは、東宝特殊美術部倉庫内を映した貴重な写真である。提供いただいたのは、日本有数の特撮プロップコレクターであり、
福島県郡山市でショップ「M1号」を経営する西村祐次氏。撮影時期は1982年頃とあり、
まさに原口氏と樋口氏の対談が話題にしていた時期と重なる。その当時の雰囲気を感じていただく手助けとなれば幸いである。

解　説

連載時に本文と併載されていた解説コラムを再録した。新規撮影分に関しては書き下ろしている。先頭の数字は本書の掲載ページ数。「vol.●●●掲載」は連載掲載時の「宇宙船」通巻ナンバー。

04-09　バラン（『大怪獣バラン』より）
vol.122掲載／第2回

凄まじい存在感を放つバランの頭部。角度によって様々な表情を見せるのは、これら怪獣造形物の醍醐味と言えよう。ちなみに映画用に製作されたバランの造形物は着ぐるみ・ギニョール・飛び人形の3体のみで、『怪獣総進撃』（1968）に登場したバランも、この飛び人形のポーズを変更したものである。今回紹介する頭部は復元したプロップをシリコンで型取りし、FRPで複製したものである。これはラテックス製の造形物が保存できないための配慮だが、言われなければFRPとは気付かない質感に仕上がっている。

10-15　利光貞三 最後のゴジラ
（『ゴジラ』より）
vol.129掲載／第8回

1954年の誕生以降、すでに60年以上の長きに渡る人気シリーズとなった『ゴジラ』。その人気を支えるのは言うまでもなくゴジラという不世出のキャラクターだが、最も重要になる外見的なイメージを作ったのが彫刻家の利光貞三であった。利光貞三は1947年、円谷英二が設立した「円谷特撮技術研究所」に参加後、東宝の特殊技術課に入社。着ぐるみの元になる粘土原型の製作を主に手がけ、ゴジラを皮切りにアンギラスなど数多くの東宝怪獣に携わっている。

ちなみに第1作目の『ゴジラ』を製作する際に氏が手掛けた粘土原型は、阿部和助と美術監督・渡辺明のデザイン画をもとに作られた3種類が存在。皮膚が魚の鱗のようになった第1稿、イボのような突起状になった第2稿、そして岩肌のような形状を持つ最終稿である。

16-21　利光貞三 もうひとつのゴジラ
（『ゴジラ』より）
vol.152掲載／第28回

大戸島で初めてゴジラが姿を現すシーンや、東京に上陸したゴジラがテレビ塔を破壊するシーンでは、着ぐるみではなく、中に手を入れて動かすギニョール（マペット）が使われている。スーツ同様、利光貞三が制作したもので、口の開閉や着ぐるみではできない細かい動作が必要なシーンに使用された。白熱光を吐くギミックも仕込まれていた。今回掲載したゴジラは、このギニョールを参考に、第8回で紹介した利光貞三作のモデルに改造を加えたものである。

22-25　ゴジラ84（『ゴジラ（'84）』より）
vol.153掲載／第29回

『ゴジラ（'84）』は、『メカゴジラの逆襲』後、9年ぶりに復活したシリーズで、ゴジラを再び人類と敵対するキャラクターにするなどの原点回帰が模索された。その一方で、ゴジラの着ぐるみには、新たな製作方法が採用された。それまでのゴジラは、皮膚となるラテックスの上からちぎったウレタンを貼り付けることで鱗を表現していたが、本作からは全身の粘土原型を作る形となった。この時、安丸信行によって作られた皮膚が、以後の平成シリーズでも使われているという。

26-29　ジェットジャガー（『ゴジラ対メガロ』より）
vol.152掲載／第28回

『ゴジラ対メガロ』はゴジラシリーズの第13作。「東宝チャンピオンまつり」のメインプログラムとして公開された。前作で人気を博したガイガンもシートピアの用心棒として再登場した。ジェットジャガーは青年科学者・伊吹吾郎が製作したロボット。一度はシートピアの手先となったが、伊吹博士の手に戻ってからはゴジラに協力してメガロ、ガイガンと戦う。突然1.8mから50mに巨大化する能力のほか、ジェットパンチ、ジャガーキックなる技を持つ。キャラクターは一般公募によるもので、もとは「レッド・アローン」という名前であった。

30-33　24連装ロケット砲（『ゴジラの逆襲』より）
vol.149掲載／第25回

牽引車に引かれた台車上にロケットランチャーを搭載した、自衛隊の架空地上兵器。初登場は『ゴジラの逆襲』（1955）で、大阪に上陸したゴジラを迎撃する。24連装ならではの火薬の派手な視覚効果が画面を彩っていた。その後『空の大怪獣ラドン』（1956）『地球防衛軍』（1957）『大怪獣バラン』（1958）『怪獣大戦争』（1965）『地球攻撃命令 ゴジラ対ガイガン』（1972）のほか、『ミラーマン』（1971）『ウルトラマンA』（1972）『ファイヤーマン』（1973）にも登場している。シンプルなデザインだけに作品を選ばないのも魅力のひとつだった。

34-39　戦闘ロケット（『宇宙大戦争』より）
vol.123掲載／第3回

もともと接写用に作られたモデルではないので、コクピット部のキャノピーは省略され、機体の赤ラインもマスキングなしの手塗りで処理されている。日の丸や国連などのデカールは当時のままで、今回のプロップはかなり状態の良い姿で現存しており、原口氏の修復も塗装が剥げた箇所のレタッチのみで留めている。なお機首の両側にあるくぎは操演用の金具である。

40-43　カプセル1号（『妖星ゴラス』より）
vol.136掲載／第15回

44-47　JX-1 隼号（『妖星ゴラス』より）
vol.136掲載／第15回

隼号は、第一次土星探険のために打ち上げられた日本初の宇宙船。火星軌道を通過直後、太陽系外から接近する黒色矮星ゴラスの存在を察知し、その調査に向かったが、地球の6000倍もあるゴラスの引力に引き寄せられ、最期をとげた。ゴラスが地球衝突コースを進んでいることを知った人類は、ゴラス再調査のため、隼号の後継機、JX-2鳳号を建造。探査カプセル1号は、その鳳号に搭載された有人小型宇宙船である。

48-53　轟天号（『海底軍艦』より）
vol.127掲載／第7回

轟天号のミニチュアは5〜6サイズが存在したといわれる。今回紹介するサイズは艦首ドリルが他よりも鋭く、船体横のフィンがないという特徴を持つ。また他のミニチュアは噴射口がX字型であったのに対し、こちらは十文字型となっている。

54-59　ムーンライトSY-3（『怪獣総進撃』より）
vol.127掲載／第7回

国連科学委員会が建造した科学調査船。本来は、学術調査のために月と地球を往復するための宇宙艇である。ブースターによって大気圏離脱後は、ロケット推進によって宇宙空間を航行。一方、大気圏内は太陽エネルギーを使ったジェット推進で飛行する。主翼はスピードや飛行条件に合わせて可変させることが可能。当初、武装は岩塊破壊用のミサイルのみだったが、やがてキラアク星人の弱点となる冷線ミサイルを装備した。

60-63　防衛隊対戦ヘリ（『怪獣総進撃』より）
vol.171掲載／第47回

『怪獣総進撃』の舞台は20世紀末と設定されており、公開当時から見れば約20年後の近未来であった。これは当時のSF映画、宇宙開発部ブームの影響が大きい。そのため、劇中には至るところに「近未来感」を感じさせるアイテムが登場する。その筆頭が可変翼を採用したムーンライトSY-3号であることは言うまでもないが、それ以外にも、この防衛隊ヘリや、国連科学委員会の月面基地といった大きなものから、現在で言うところのタブレット大のポータブルテレビまでが登場していて驚かされる。

64-65　潜水球（『緯度0大作戦』より）
vol.170掲載／第46回

東宝が、ドン＝シャープ・プロと提携して制作したSF冒険映画。監督は本多猪四郎、特技監督は円谷英二、音楽は伊福部昭。「緯度0」と呼ばれる海底のユートピアを本拠地とする万能潜水艦α号と、悪の天才科学者、マリク博士が建造した潜水艦黒鮫号との戦いを描く。なお、ドン＝シャープ・プロの倒産による権利問題の関係から、本作は長く映像ソフト化されなかった。結局、2006年、『緯度0大作戦』（日本公開バージョン）『LATITUDE ZERO』（海外バージョン）『緯度0大作戦　海底大戦争』（東宝チャンピオンまつり・短縮版）をまとめたDVD　BOXが初ソフト化となった。今回取り上げた潜水球は、当時の宣伝用ポスターにも登場。本作のもうひとつの主役メカ、黒鮫号よりも目立つように掲載されている。

66-71　宇宙防衛艦 轟天（『惑星大戦争』より）
vol.121掲載／第1回

「素材にはFRPと木材、ブリキなどが使用されていて、僕も同じ素材を使って修復しています。船体や主翼にある"継ぎ目状の塗装"は、現物に残っていた僅かなマスキング跡から復元しました。艦首などに存在するピアノ線用のフックはあえて残してあります。なおメインノズル中央の電飾はまだ生きていて、その周囲には現在は使用することの出来ない"フロンガス"用の噴射口が残っています」（原口）

72-75　ハイパワーレーザービーム車
（『ゴジラ（'84）』より）
vol.145掲載／第21回

ハイパワーレーザービーム車は、正式名称を陸上自衛隊特殊車両N1-00型。第1師団第1普通科連隊特車88部隊（練馬特科）に所属する特殊車両で、ゴジラ迎撃のために2台が新宿副都心に出動。超純度ヘリウムネオンガスを燃料とするレーザービームを発射し、スーパーXの標的となる位置までゴジラを誘導する役目を果たした。デザインは長沼孝、造型は東宝特殊美術課によるものである。

76-79　61式戦車（『モスラ対ゴジラ』より）
vol.162掲載／第38回

61式戦車は、1961年に陸上自衛隊に正式採用された戦後の国産戦車第1号。開発・生産は三菱重工業が担当している。ST-4は、第2次試作で作られたタイプで、最終的には多少の改善を加える形で、このSTA-4が正式採用されることになった。主砲としては90ミリのライフル砲を装備している。この61式は1962年から1974年まで生産が続けられ、計560両が陸上自衛隊に納入された。その後、第3世代主力戦車である90式が装備化されたため、2000年の末までには全車が退役した。

80-85　九九式艦上爆撃機
（『連合艦隊司令長官　山本五十六』より）
新規撮影

九九式艦上爆撃機は、全金属製の単葉艦上爆撃機。1936（昭和11）年から愛知時計電機航空部（後の愛知航空）が開発を進め、1939（昭和14）年に制式化された。急降下爆撃を目的として開発されており、堅固な機体と抜群の運動性を兼ね備えている。1941（昭和16）年の真珠湾攻撃には計129機が出撃し、目覚ましい戦果をあげたという。だがスピードや防弾設備で劣るため、連合軍側の航空戦力が増強されるにつれ、劣勢を強いられるようになる。

86-87　ロッキードP2V ネプチューン哨戒機
（『日本沈没（TVシリーズ）』より）　新規撮影

『日本沈没（TVシリーズ）』は、1973年に公開されて大ヒットした同名映画のTVシリーズ版で、TBS系で放送された。ストーリーはオリジナルで、北海道から鹿児島まで、日本各地を異変が襲う様子を、2クールかけて描いている。劇場版に登場するのはわだつみのみだが、こちらのTVシリーズにはより高性能となったにケルマディックというメカが新たに登場している。なお1974年公開の『ノストラダムスの大予言』にもTVシリーズの企画があったが、実現しなかった。

88-91 防衛軍F-4EJ ファントムII戦闘機
（『メカゴジラの逆襲』より）
vol.148掲載／第24回

F-4EJファントムIIは、アメリカ空軍のF-4Eを改造し、要撃戦闘機タイプとして運用していたものである。同時期のウルトラマンシリーズをはじめ、数々の特撮作品にも登場しているが、意外にもゴジラシリーズへの登場は、本作のみとなっている。

92-95 シコルスキー SH-60J 哨戒ヘリコプター
（『ゴジラ（'84）』より）
新規撮影

シコルスキーは製造会社名で、正式名称は「シコルスキー・エアクラフト」。ウクライナ出身のイゴール・シコルスキー（1889〜1972）が1923年に設立した歴史ある会社である。現在、ヘリコプターの主流となっている単一ローターで上昇し、テールローターで方向制御するシステムを、1939年に初めて成功させたのもこの会社であった。そのため同社のヘリコプターは、アメリカ軍はもちろん、日本をはじめ多くの国でも民間用に使用されている。

96-97 東海道本線客車（『ゴジラ』より）
vol.147掲載／第23回

この客車は、ゴジラが初めて東京に上陸した際、品川駅構内でその足に激突して脱線、転覆したもの。シナリオによると、東海道線の急行である。なお車体の側面に描かれている「オハ」という型式表示は、「オ」が32.5〜37.5トンの客車、「ハ」が普通車であることを示している。

98-101 シボレー型パトカー（『モスラ』より）
vol.165掲載／第41回

「『モスラ』の映像を見ると、このパトカーの中にはふたつの人影があるので、警官がふたり乗っていたことが確認できます。こちらは自作することにしました。映像からははっきりした形はわかりませんが、当時の、たとえば戦車のミニチュアに乗っている人形がどんな感じだったのかは知っています。そのイメージを頼りに作りました。以前、東宝の特美倉庫で『青島要塞爆撃命令』の爆弾列車に乗っているドイツ兵のミニチュアを見つけたんですが、それがまさにこの通りだったので、間違ってなかったと安心したんです」（原口）

102-105 東京タワー（『日本沈没（TVシリーズ）』ほか）
vol.130掲載／第9回

大東京のシンボル、東京タワー。怪獣映画にとってはまさに恰好の破壊対象となり、完成した3年後の1961年、モスラの幼虫がその先陣を切った。折れ曲がった東京タワーに繭を作るシーンは、『モスラ』を代表する名場面といえよう。1967年の『キングコングの逆襲』では、キングコングとメカニコングがタワー上で最後の死闘を繰り広げた。1995年の『ガメラ 大怪獣空中決戦』では、自衛隊の攻撃によって破壊された後、ギャオスの巣となるシーンが強い印象を残す。怪獣映画以外では、1961年の『世界大戦争』で核戦争の、1973年の『日本沈没』では天変地異のそれぞれ犠牲となった。もっぱら破壊の対象となることの多かった東京タワーだが、『ウルトラQ』ではチャンネルX光波を発射して見事ケムール人を倒す活躍を見せている。

作品データ

大怪獣バラン
（1958年10月14日公開）
【ストーリー】北上川上流にある秘境、岩屋村。同僚たちが遂げた謎の死の真相を探るため、杉本生物研究所の魚崎たちは、婆羅陀魏様を祀るこの閉鎖的な村に入る。だがこの婆羅陀魏様の正体は、湖に潜む怪獣バランであった。
【スタッフ】原案：黒沼健 製作：田中友幸 監督：本多猪四郎 脚本：関沢新一 特技監督：円谷英二 音楽：伊福部昭
【キャスト】野村浩三、園田あゆみ、松尾文人ほか

妖星ゴラス
（1962年3月21日公開）
【ストーリー】1979年、太陽系に急接近する黒色矮星の姿が確認された。地球の6000倍の質量を誇り、ゴラスと命名されたこの黒色矮星は、このままでは地球に激突することが明らかになる。人類はこの最大の危機を回避できるか！？
【スタッフ】製作：田中友幸 原案：丘美丈二郎 監督：本多猪四郎 脚本：木村武 特技監督：円谷英二 音楽：石井歓
【キャスト】池部良、上原謙、水野久美、久保明、白川由美、田崎潤、ほか

海底軍艦
（1963年12月22日公開）
【ストーリー】1万2千年前に海底に没したムウ帝国が、地上を植民地化せんと侵攻を開始した。その猛威に対抗しうる兵器はただひとつ。ムウ帝国の野望を砕き、愛娘を取り戻すため、神宮寺大佐は秘密裏に建造した驚異の万能原子戦艦・轟天号を進水させた！
【スタッフ】製作：田中友幸 原作：押川春浪 監督：本多猪四郎 脚本：関沢新一 特技監督：円谷英二 特技撮影：有川貞昌、富岡素敬 音楽：伊福部昭
【キャスト】高島忠夫、藤山陽子、佐原健二、小林哲子、平田昭彦、田崎潤、ほか

怪獣総進撃
（1968年8月1日公開）
【ストーリー】小笠原諸島に建設された怪獣ランドにいたゴジラをはじめとする怪獣たちが、突如世界各地に出現した。地球征服を企むキラアク星人の計画であった。ムーンライトSY-3の活躍でそのコントロールを脱したゴジラたちは、キングギドラを迎え撃つ。
【スタッフ】製作：田中友幸 監督：本多猪四郎 脚本：馬淵薫、本多猪四郎 特技監督：有川貞昌 音楽：伊福部昭
【キャスト】久保明、田崎潤、小林夕岐子、愛京子、土屋嘉男、ほか

緯度0大作戦
（1969年7月26日公開）
【ストーリー】海底油田調査中に遭難した田代博士、マッソン博士、ロートン記者は、国籍不明の潜水艦アルファー号に救出される。艦長のマッケンジーは3人を海底の楽園「緯度0」に案内する。その緯度0に、科学者マリク率いるブラッドロックの魔手が迫る。
【スタッフ】製作：田中友幸 監督：本多猪四郎 脚本：関沢新一、テッド・シャードマン 特技監督：円谷英二 音楽：伊福部昭
【キャスト】ジョセフ・コットン、シーザー・ロメロ、宝田明、岡田真澄、ほか

惑星大戦争
（1977年12月17日公開）
【ストーリー】西暦1988年、地球は第三惑星人からの侵攻を受けていた。侵略者に対抗するため、地球軍は国連宇宙防衛艦・轟天を完成させ、第三惑星人の前線基地である金星を目指す。そして、彼らの前には敵の超弩級戦艦・大魔艦が立ちふさがる。
【スタッフ】製作：田中友幸、田中文雄 原案：神宮寺八郎 脚本：中西隆三、

ゴジラ
（1954年11月3日公開）
【ストーリー】太平洋で、原因不明の船舶遭難事件が続発する。唯一の生存者がいる大戸島を訪れた調査団の前に、突如、巨大な怪物が姿を現した。水爆実験で目覚めたジュラ紀の恐竜、島に伝わる海神ゴジラだった。ゴジラはやがて東京に上陸する。
【スタッフ】原作：香山滋 製作：田中友幸 監督：本多猪四郎 脚本：村田武雄、本多猪四郎 特殊技術：円谷英二 音楽：伊福部昭
【キャスト】志村喬、宝田明、平田昭彦、河内桃子、ほか

ゴジラ（'84）
（1984年12月15日公開）
【ストーリー】大黒島噴火の3ヶ月後、第5八潮丸が消息を絶った。唯一の生存者が目撃した巨大怪物は、生物学者の林田は復活したゴジラではないかと予想する。その予想通り、ゴジラはやがて井原原子力発電所に、そして東京に現れた。
【スタッフ】製作：田中友幸 監督：橋本幸治 脚本：永原秀一 特技監督：中野昭慶 音楽：小六禮次郎
【キャスト】夏木陽介、田中健、宅麻伸、沢口靖子、小林桂樹ほか

ゴジラ対メガロ
（1973年3月17日公開）
【ストーリー】核実験によって環境を破壊された海底王国シートピアは、昆虫怪獣メガロと、伊吹博士から奪ったロボット、ジェットジャガーを擁して人類へと宣戦を布告する。伊吹は、ジェットジャガーを奪い返すと同時に、ゴジラに救援を要請する。
【スタッフ】原作：関沢新一 製作：田中友幸 監督・脚本：福田純 特技監督：中野昭慶 音楽：真鍋理一郎
【キャスト】佐々木勝彦、川瀬裕之、林ゆたか、ほか

ゴジラの逆襲
（1955年4月24日公開）
【ストーリー】魚群探査機のパイロット、月岡と小林は、とある小島で争う2匹の怪獣を目撃した。ゴジラとアンギラスであった。その報告を受け、上陸防止作戦が検討される。だが対策も虚しく、2匹はついに大阪に上陸した。
【スタッフ】原作：香山滋 製作：田中友幸 監督：小田基義 脚本：村田武雄、日高繁明 特殊技術：円谷英二 音楽：佐藤勝
【キャスト】小泉博、若山セツ子、千秋実、ほか

宇宙大戦争
（1959年12月26日公開）
【ストーリー】月の裏側に前線基地を築いた宇宙人ナタール。冷凍光線を搭載した円盤を使って地球侵攻を開始した。対する地球軍は、熱戦砲を武器とする

宇宙艇スピップ号で敵の月基地を急襲。怒れるナタール人は、円盤編隊を組んで地球に総攻撃を開始した！
【スタッフ】製作：田中友幸 原作：丘美丈二郎 脚本：関沢新一 音楽：伊福部昭 特技監督：本多猪四郎 特技監督：円谷英二
【キャスト】池部良、安西郷子、千田是也、土屋嘉男、村上冬樹、ほか

妖星ゴラス（※）

永原秀一 監督：福田純 特技監督：中野昭慶 監督助手：川北紘一 音楽：津島利章
【キャスト】池部良、森田健作、浅野ゆう子、沖雅也、ほか

モスラ対ゴジラ
（1964年4月29日公開）
【ストーリー】静之浦沖に巨大な卵が漂着した。大型台風に流された、インファント島の守護神モスラの卵だった。だがモスラの卵は、悪徳興行師らによって見世物にされようとする。やがて干拓地からゴジラが目覚め、中京地帯を破壊する。
【スタッフ】製作：田中友幸 監督：本多猪四郎 脚本：関沢新一 特技監督：円谷英二 音楽：伊福部昭
【キャスト】宝田明、星由里子、小泉博、ザ・ピーナッツ、藤木悠、ほか

連合艦隊司令長官 山本五十六
（1968年8月14日公開）
【ストーリー】1939（昭和14）年、海軍次官から連合艦隊司令長官となった山本五十六は、対米開戦に反対しつつ、緒戦の勝利で早期講和に持ち込むべく、来たるべき日米戦の計画を立てていた。だがいざ開戦すると、戦況は思いもかけぬ方向へ向かう。
【スタッフ】製作：田中友幸 監督：丸山誠治 脚本：須崎勝弥、丸山誠治 特技監督：円谷英二 美術：井上泰幸 音楽：佐藤勝
【キャスト】三船敏郎、稲葉義男、土屋嘉男、平田昭彦、橘正晃、ほか

日本沈没（TVシリーズ）
（1974年10月6日〜1975年3月30日放送）
【ストーリー】地球物理学者の田所雄介博士は、小野寺俊夫の操縦するわだつみで伊豆沖に潜った際、そこを震源地とする直下型地震に遭遇した。田所はさらに姫路を襲った大地震も予見してみせた。彼は、日本列島に未曾有の大異変が迫っていることを確信する。
【スタッフ】原作：小松左京 監督：長野卓、金谷稔、松林宗恵 脚本：山根優一郎、長坂秀佳、石堂淑朗 特技監督：高野宏一、川北紘一、ほか 音楽：広瀬健次郎 制作：東宝映像、TBS
【キャスト】村野武範、由美かおる、小林桂樹、ほか

メカゴジラの逆襲
（1975年3月15日公開）
【ストーリー】地球侵略を企む大宇宙ブラックホール第3惑星人は、地球を憎む真船博士に接近する。博士が設計開発した恐竜チタノザウルスのコントロール装置を応用し、メカゴジラを完成しようというのだ。
【スタッフ】製作：田中友幸 監督：本多猪四郎 脚本：高山由紀子 特技監督：中野昭慶 音楽：伊福部昭
【キャスト】平田昭彦、葵とも子、内田勝正、佐々木勝彦、睦五郎、ほか

モスラ
（1961年7月30日公開）
【ストーリー】悪徳ブローカーのネルソンが、南海の孤島・インファント島に住む小美人を誘拐した。怒った住民が祈りを捧げると、巨大な卵からモスラの幼虫が誕生した。小美人を取り戻すため、日本を目指す。幼虫は東京に上陸し、成虫へと変化した。
【スタッフ】製作：田中友幸 原作：中村真一郎、福永武彦、堀田善衛 監督：本多猪四郎 脚本：関沢新一 特技監督：円谷英二 音楽：古関裕而
【キャスト】フランキー堺、小泉博、香川京子、ザ・ピーナッツ、ほか

修復・プロップ解説◎原口智生

はらぐち・ともお
1960年5月26日生まれ　福岡県出身
幼少期から東宝撮影所や円谷プロ等に出入り
し、1975年に最年少で特撮映画研究団体「怪
獣倶楽部」(主宰 竹内博)の一員となる。自
主映画、人形作家の川本喜八郎の美術助手
などを経て、『爆裂都市 バーストシティ』(1982
年)で映画界デビュー。特殊メイクアップ、特
殊造形として『帝都物語』、『異人たちとの夏』
(1988年)『ソナチネ』(1994年)『HANA-BI』
(1997年)『平成ガメラシリーズ』(1995〜
1999年)『陰陽師』(2001年)『パコと魔法の
絵本』(2008年)など数々の映画を担当。
映画監督としてビデオシネマ『ミカドロイド』
(1991年)でデビュー。以後『さくや妖怪伝』
(2000年)『破鬼妖怪伝 牙吉』(2004年)『デ
スガッパ』(2010年)を監督。特技監督、監
督として『ウルトラマンメビウス』(2006〜2007
年)『ウルトラマンギンガ』(2013年)を手掛ける。
2012年、東京都現代美術館で開催された「館
長 庵野秀明　特撮博物館 ミニチュアで見る昭
和平成の技」では、展示コーディネート、修復
師として活躍。現在、「特定非営利活動法人
アニメ特撮アーカイブ機構」(ATAC)発起人
も務める。
「BAR KAIJU-CLUB HATAGAYA」店主。

撮影◎加藤文哉

かとう・ふみや
1963年8月24日生まれ　北海道旭川市出身。
高校卒業後、専門学校に通い、プロのカメラ
マンを志す。卒業後、20才の時に就職し、専
属カメラマンとして活動を始める。
2005年、「ディテール・オブ・ヒーローズ　仮
面ライダー響鬼」の撮影にて、朝日ソノラマ時
代の「宇宙船」に初参加。刊行がホビージャ
パンに移行した後も、仮面ライダーシリーズ、戦
隊シリーズ、ウルトラマンシリーズの特写企画
では常に撮影を担当している。Vol.121
(2008年7月発売)からスタートした連載企画
「原口智生の夢のかけら」では、第一回からプ
ロップを撮り続け、本書の写真も全て氏の撮
影によるものである。

修復:原口智生
撮影:加藤文哉

総監修:庵野秀明
共同監修:樋口真嗣
　　　　西村祐次
監修:東宝株式会社

資料協力:金田益実
　　　　西脇博光
　　　　平田 実
　　　　高橋 勲

写真協力:西村祐次
　　　　村尾貴行
　　　　なべやかん

協力:渡辺忠昭
　　白崎治郎
　　安丸信行
　　長沼 孝
　　三池敏夫
　　桜井景一
　　三木隆二
　　中村宏治
　　ヤマダマサミ
　　岩崎芳夫
　　三好 寛
　　瓜生遼太郎

　　有限会社戸井田工業
　　有限会社開米プロダクション
　　特定非営利活動法人 アニメ特撮アーカイブ機構(ATAC)
　　須賀川特撮アーカイブセンター
　　原口智生コレクション

謝意:竹内 博
　　有川貞昌
　　入江義夫
　　井上泰幸
　　青木利郎
　　戸井田幸雄
　　開米栄三

編集:井上雄史(Tarkus)
　　高田史哉(宇宙船編集部)
デザイン:タナカタカシ
企画協力:野口智和(宇宙船編集部)
制作協力:新里和朗(宇宙船編集部)

夢のかけら [東宝特撮映画篇]
2021年3月12日　初版発行

著　者◎原口智生
編集人◎谷村康弘
発行人◎松下大介
発行所◎株式会社ホビージャパン

〒151-0053 東京都渋谷区代々木2-15-8
新宿Hobbyビル
TEL 03-5354-7403(編集) 03-5304-9112(営業)

印刷・製本◎大日本印刷株式会社

ISBN 978-4-7986-2447-1 C0076
Printed in Japan